WOLFGANG KLIETZ / OSTSEEFÄHREN IM KALTEN KRIEG

Wolfgang Klietz

OSTSEEFÄHREN IM KALTEN KRIEG

Ch. Links Verlag, Berlin

Die Deutsche Nationalbibliothek verzeichnet diese Publikation
in der Deutschen Nationalbibliografie; detaillierte bibliografische
Daten sind im Internet über www.dnb.de abrufbar.

1. Auflage, März 2012
© Christoph Links Verlag GmbH
Schönhauser Allee 36, 10435 Berlin, Tel.: (030) 44 02 32-0
www.christoph-links-verlag.de; mail@christoph-links-verlag.de
Umschlaggestaltung: xix-GmbH, www.blackpen.xix-berlin.de,
unter Verwendung eines Fotos vom Ablegen
des Fährschiffes »Mukran« im Hafen von Mukran, 1986
(Sammlung Dobbert/Unger, Fährhafen Sassnitz)
Lektorat: Tilman Peters
Layout: xix-GmbH, www.blackpen.xix-berlin.de
Satz: Agentur Marina Siegemund, Berlin
Druck und Bindung: Bosch-Druck, Landshut

ISBN 978-3-86153-673-4

INHALT

ANHANG

IMPRESSION AUS MUKRAN
EIN VORWORT

Ein Soldat der ehemaligen
Sowjetarmee überwacht
im August 1992 an einer
Freikrananlage im Hafen
von Mukran die Umladung
von Militärlastwagen von
deutschen Zügen auf rus-
sische Breitspurwagen.

Die militärische Disziplin ist dahin. Zu Hunderten stehen die Männer an der Pier, die Hände in den Hosentaschen, die überdimensionierten Mützen zumeist in den Nacken geschoben. Hätte ihr Land sie nicht in die Uniform der Armee gesteckt, würde man die dürren Bengel am liebsten zu ihrer Mutter schicken. Spitz stehen die Wangenknochen aus den Gesichtern hervor. Ihr Blick ist leer. Das Durchschnittsalter liegt anscheinend unter 20 Jahre. Die Augen verraten, dass viele der Männer in Asien aufgewachsen sind.

Bei sich tragen die meisten nur ein kleines Bündel, der einzige private Besitz, der erlaubt ist. Dazu kommen ein paar Habseligkeiten für die Reise: eine kleine Kiste mit Apfelsinen, notdürftig eingewickelter Proviant.

Im Kalten Krieg bezeichneten Politiker im Westen die sowjetischen Einheiten in der DDR gern als Elitetruppe. Doch diese Soldaten, die sich im Hafen von Mukran aufgereiht haben, strahlen weder Kampfkraft noch eisernen Willen aus. Sie wirken übermüdet und hungrig, geradezu resigniert. An diesem finsteren Novembertag des Jahres 1991 werden sie per Schiff nach Hause zurückgebracht. Die DDR, den Bruderstaat ihres Vaterlandes UdSSR, gibt es nicht mehr. Nach der deutschen Einheit müssen die sowjetischen Streitkräfte das Land verlassen. Der Rücktransport wird sich bis ins Jahr 1994 hinziehen.

Die Verladung dauert. Jacken und Hosen sind dünn, doch ans Frieren sind die Männer offenbar gewöhnt. Stundenlang stehen sie schweigend im Wind. Nur einmal heben sich langsam die Blicke, als eine blonde junge Frau am Rand des Hafenbeckens vorbeigeht.

Die Fähre »Vilnius« aus Klaipeda hat schon vor Stunden festgemacht. Beide Decks waren mit knapp 100 Eisenbahnwaggons beladen und sind jetzt frei. Die armselige Truppe kann kommen, aber zuerst wird das Material verladen. Die schweren Armeelastwagen stehen auf Eisenbahnwaggons, auf denen sich Lachen von Öl und Treibstoff bilden. Offenbar wissen die meisten Soldaten, dass ihnen an Bord kein Platz in einer Kabine zuteil wird. Sie stopfen ihr Bündel unter die Fahrzeuge, dort sind die Sachen ein wenig vor Regen geschützt.

Jedes Mal, wenn die Züge über die Kante von der Laderampe auf das Heck der »Vilnius« rollen, hallt ein metallischer Knall kilometerweit über die Hafenanlagen. Rangierloks fahren langsamer als Schrittgeschwindigkeit und schieben die Wagen auf die Decks. Stinkend quellen blaue Wolken aus den Dieselmotoren. Endlich ist die Eisenbahn verladen. Vor den Puffern der Waggons ist am Heck der Fähre noch Platz für die Autos der fünf zivilen Passagiere, zu denen auch ich gehöre. Tickets hat keiner von uns bekommen. In dem kleinen Büro im Plattenbau der Reederei gab es bloß ein handgeschriebenes Zettelchen als Zugangsberechtigung für die »Vilnius«, nachdem der Fahrpreis penibel auf einer Häkeldecke abgezählt worden war. Auf Fahrgäste ohne Uniform ist die Fährlinie noch nicht eingestellt.

Nun erhalten auch die Soldaten das Kommando, an Bord zu gehen. Über eine schmale Gangway steigen sie ins Schiff - immer noch schweigend. Die Zivilpassagiere dürfen vom unteren Ladedeck über mehrere Etagen nach oben zu den Kabinen steigen. Der Zahlmeister, ein deutscher Offizier in akkurater Uniform, gibt die Schlüssel aus. In den Kabinen hängen Zettel aus alter Zeit. In Notfällen wende man sich an die Volkspolizei, heißt es. Außerdem sei es verboten, Hafen- und Eisenbahnanlagen und militärische Einrichtungen zu fotografieren. Ein Verbot, das in vielen Ostblockstaaten galt. Ausgerechnet an Bord dieses Schiffes kontrolliert es niemand. Während der gesamten Überfahrt sind die Decks, auf denen Dutzende Militärfahrzeuge stehen, frei zugänglich.

Die Fähre »Vilnius« beim Anlegemanöver an der Pier im Hafen von Mukran; daneben liegt das baugleiche Fährschiff »Mukran«.

Weit draußen auf der Ostsee wird die erste Mahlzeit serviert. Ohne zu klopfen reißt eine junge, grell geschminkte und weißlich blondierte Russin die Kabinentür auf, ruft »Kaffee!« und knallt die Tür wieder zu. Die Passagiere treffen sich in der Messe bei Roter Beete, fetten Würsten und Kompott, süß eingelegten Früchten mit viel Saft.

An den Tischen sitzen zwei russische Offiziere, ein betagter deutscher 120-Kilo-Mann, der seine alte Heimat im Osten wiedersehen will und aus einer Zweiliterflasche kalten Glühwein schlürft. Außerdem dabei: Mutter und Sohn aus Bremen, die mit der Ladung ihres Kleintransporters in einem litauischen Laden das große Geschäft machen wollen, ein Lkw-Fahrer, der aus Litauen Apfelsaftkonzentrat nach Hamburg gebracht hat, und wir, die wir mit einem alten VW-Bus Hilfsgüter für eine humanitäre Organisation nach Klaipeda bringen wollen.

Doch wo sind die Soldaten, denen Rote Beete, Wurst und Kompott sicherlich gutgetan hätten? Sie sind irgendwo unter Deck verschwunden. Bei meinen Rundgängen auf dem Schiff kann ich sie nirgends entdecken.

Auch in den späteren Jahren, in denen ich wiederholt mit der Fähre von Mukran nach Klaipeda unterwegs war, musste ich an die verschwundenen Männer mit dem leeren Blick denken. Wo waren sie geblieben? Welches militärische Geheimnis bargen diese Fähren? Was wurde hier in Zeiten des Kalten Krieges heimlich transportiert? Ich war neugierig geworden und begann mit einer Recherche, die sich über mehrere Jahre hinziehen sollte.

EINLEITUNG

Der von einer Mole geschützte Hafen von Mukran heute. Direkt am offenen Meer gelegen, erstreckt sich das Gelände über eine Länge von 4,8 Kilometern.

Wer mit dem Auto auf der Ferieninsel Rügen unterwegs ist, kann allenfalls einen kurzen Blick auf das Gelände werfen, das in der DDR zu den wichtigsten volkswirtschaftlichen und militärischen Projekten des Landes zählte: den Fährhafen mit Güterbahnhof in Mukran. Von der Brücke der Landesstraße zwischen Binz und Sassnitz sind im Vorbeifahren auf der einen Seite der Hafen und auf der anderen die riesigen Gleisanlagen mit Kränen, Verwaltungsgebäuden und Zügen zu sehen. Hoch über allem ragt der Turm des Heizwerkes heraus, das eigens für das Projekt gebaut wurde. Noch heute ist es schwierig, die Dimension des fast fünf Kilometer langen und etwa einen Kilometer breiten Areals von außen zu überblicken.

In der DDR war ein genauer Blick auf den Fährbahnhof nicht gewollt. Niemand sollte beobachten können, was sich auf dem abgeschirmten Gelände abspielte. Geheimdienste – allen voran das DDR-Ministerium für Staatssicherheit (MfS) – hatten Mukran und die hier Beschäftigten stets im Blick. Auf der anderen Seite des Eisernen Vorhanges versuchten westliche Spione herauszufinden, welche Transporte von hier aus über die Ostsee abgewickelt wurden.

Der 1986 eröffnete Hafen war nicht nur ein wichtiges Bindeglied für den Handel mit dem »großen Bruder« UdSSR. Hier wurde Nachschub aller Art für die etwa 400 000 Mann starken sowjetischen Streitkräfte verschifft, die in der DDR stationiert waren. Zusammen mit den Zivilangestellten und Familienangehörigen der Offiziere waren es rund 500 000 Personen, die es zu versorgen galt: mit Panzern und Raketen, mit Baumaterial und Wodka. Außerdem gehörte Mukran zu den Häfen, über die im Falle eines Krieges mit der Nato der Nachschub aus der UdSSR eintreffen sollte.

Die Sowjetunion hatte auf dem Gebiet der DDR eine gewaltige Militärmaschinerie konzentriert. Anfang der achtziger Jahre standen dort 7000 Panzer, 10 000 gepanzerte Fahrzeuge, 5000 Artilleriegeschütze, 700 Kampfflugzeuge, 350 Hubschrauber und 220 Boden-Boden-Raketen.[1] Die fremden Truppen, die offiziell »Freunde« hießen, verfügten über 1026 Liegenschaften, die etwa drei Prozent des DDR-Gebietes abdeckten.[2]

Es herrschte Kalter Krieg auf der Erde: Der von der sozialistischen Sowjetunion dominierte Warschauer Pakt stand dem westlichen Verteidigungsbündnis Nato unter der Führung der USA gegenüber. Beide Blöcke bedrohten sich mit Armeen und Atomwaffenarsenalen, die den Gegner gleich mehrfach hätten vernichten können. Er sollte »todgerüstet« werden. US-Präsident Ronald Reagan bezeichnete 1983 die Sowjetunion als »Reich des Bösen«. In Moskau regierten bis zum Amtsantritt des Reformers Michail Gorbatschow alte Männer einer Parteielite, die das Land militärisch für eine Auseinandersetzung mit dem »Klassenfeind« vorbereiteten, aber die Bevölkerung kaum mit dem Notwendigsten versorgen konnten.

Auch die DDR stand vor gravierenden wirtschaftlichen Problemen und konnte nur mit einem vom bayerischen Ministerpräsidenten Franz Josef Strauß 1983 vermittelten Kredit der Bundesrepublik vor der Staatspleite bewahrt werden. Wichtige Versorgungsgüter fehlten. Wie in allen Ländern des Ostblocks belasteten die Militärausgaben den Staatshaushalt schwer. Um Unzufriedenheit und Unruhe in der Bevölkerung zu verhindern, blieben die Sozialausgaben gleichzeitig hoch, so dass wichtige Investitionen nicht getätigt werden konnten, das Land technologisch zurückfiel und sich zunehmend verschuldete. Ein Großteil der Exporteinnahmen wurde benötigt, um die hohen Zinsen der Auslandskredite zu bedienen.

Die in den achtziger Jahren geschaffene neue Fährverbindung sollte den Handel zwischen den sozialistischen Bruderländern deutlich verstärken und zugleich billiger ma-

Übersichtskarte des Ministeriums für Verkehrswesen der DDR: Die Route der Fähren führte an der polnischen Ostseeküste vorbei und verband die DDR und die UdSSR direkt miteinander.

chen. Statt per Eisenbahn durch Polen ging es per Schiff über die Ostsee ohne teure Transitgebühren und zudem wesentlich schneller. Die Transportzeit konnte um mindestens drei Tage verkürzt werden.[3]

Doch der Pendelverkehr zwischen dem Hafen an der Bucht Prorer Wiek auf Rügen und dem Baltikum hatte seit der Eröffnung im Oktober 1986 auch eine wichtige militärische Funktion. Die Schiffe garantierten schnelle Transporte aus der UdSSR in Richtung Westen ohne den Transit über Polen, der seit den Aktivitäten der Gewerkschaft Solidarność Anfang der achtziger Jahre unsicher geworden war. Außerdem hatten die Verkehrsverbindungen durch Polen traditionell keinen guten Ruf: Vier Tage war ein Zug auf dem 700 Kilometer langen Weg von Frankfurt (Oder) zum polnisch-sowjetischen Grenzbahnhof Brest in der Regel unterwegs. Diebstähle aus den Wagen waren nicht selten. Zudem verlangte Polen für die Transittransporte dermaßen hohe Gebühren, dass die DDR und die Sowjetunion bereits in den sechziger Jahren erste Pläne für eine gemeinsame Eisenbahnverbindung entworfen hatten.

Gezahlt wurden die Gebühren für gewöhnlich mit Konsumgütern, die in Transferrubeln verrechnet wurden. Die DDR ging davon aus, dass sie Hunderte Millionen sparen würde, wenn sie die Gütertransporte per Schiff statt über die polnischen Schienen abwickeln könnte. Eine Prognose, die sich bestätigte: Schon ein Jahr nach der Eröffnung des

Fährverkehrs berichtete das Verkehrsministerium dem für Wirtschaftsfragen zuständigen Sekretär im SED-Zentralkomitee, Günter Mittag, dass die DDR binnen zwölf Monaten 160 Millionen Valuta-Mark gespart habe, weil die Transporte durch Polen reduziert werden konnten. 1988 lag die Transitmenge durch Polen nur noch bei 4650 Kilotonnen. 1980 waren es noch 8509 gewesen.[4]

Nach Einschätzung des Militärhistorikers Matthias Rogg waren die entscheidenden Beweggründe für die Schaffung der Fährverbindung Mukran – Klaipeda die politische Entwicklung in Polen 1980/81 und die Forderung der polnischen Regierung nach Transitgebühren – nunmehr in Devisen. »Zugleich sollte der Fährhafen den ungehinderten Transport von Militärgütern zwischen der UdSSR und der DDR ermöglichen. Wirtschafts- und militärstrategische Überlegungen griffen also Hand in Hand.«[5]

Der Bau des Fährkomplexes Mukran ab 1982 war das größte Verkehrsprojekt der DDR seit dem Aufbau eines neuen Schienen- und Straßennetzes im Berlin der Nachkriegszeit. Das Projekt am Ostseestrand hat bis 1986 mehr als zwei Milliarden DDR-Mark gekostet.[6] 2000 Menschen arbeiteten auf dem Komplex mit seinen Gleisanlagen in einer Gesamtlänge von 120 Kilometern. Für sie wurden neue Häuser mit 1200 Wohnungen gebaut. Täglich fuhren 30 Busse und acht Eisenbahnzüge mit Arbeitern nach Mukran.[7]

Fünf 190 Meter lange Eisenbahnfähren mit Breitspurgleisen für 103 Güterwaggons sowjetischer Bauart pendelten schließlich über die Ostsee zwischen Rügen und Litauen. Klaipeda, das einstige deutsche Memel, gehörte seit dem Zweiten Weltkrieg zur Sowjetunion. Die Schiffe waren die größten, die in der DDR je gebaut wurden.[8] 48 Stunden sollte planmäßig eine Rundreise Mukran - Klaipeda - Mukran dauern. Im Regelfall sollten Crews und Schiffe mit einer Hafenliegezeit zum Laden und Löschen von vier Stunden auskommen. Beim Betrieb in der letzten Ausbaustufe wäre in jedem Hafen alle acht Stunden eine der ursprünglich geplanten sechs Fähren eingetroffen.[9]

5,3 Millionen Tonnen Ladung pro Jahr waren auf diesem Weg zwischen der DDR und der UdSSR angepeilt.[10] Drei Millionen davon sollten auf den Import in die DDR entfallen,[11] was etwa einem Drittel des gesamten Warenaustausches zwischen beiden Ländern entsprochen hätte.[12] Auch wenn die Gesamtsumme nicht erreicht wurde, sind die drei Millionen Tonnen Import pro Jahr in Spitzenzeiten tatsächlich geschafft worden.[13] Schließlich war die Sowjetunion wichtigster Handelspartner der DDR. In die UdSSR wurden zum Beispiel Maschinen, Möbel und Papier geliefert. Die DDR importierte unter anderem Roheisen, Dünger und Holz.

Mukran - Klaipeda galt Ende der achtziger Jahre als eine der leistungsfähigsten Fährverbindungen der Welt. Die sowjetische Seite nutzte sie vor allem für Militärtransporte. 30 Prozent der Kapazitäten der Fähren waren generell für die Gruppe der Sowjetischen Streitkräfte in Deutschland (GSSD) vorgesehen.[14] 1989 sorgte das Militär sogar für 50 Prozent der Gesamtladung.[15] Die Nationale Volksarmee (NVA) der DDR nutzte die Fähren nur unregelmäßig, beispielsweise für Transporte von Raketeneinheiten zu Manövern in der UdSSR.

Erst nach der Wende erfuhr die Öffentlichkeit, dass beim Bau der fünf Fähren auf der Mathias-Thesen-Werft in Wismar unter Deck geheime Truppentransporträume mit Waschrinnen und Toiletten eingerichtet worden waren. Dort gab es Platz für 300 Soldaten.[16] Gerade mal 18 bis 20 Stunden waren sie zwischen Klaipeda und Mukran auf der Ostsee unterwegs. Ebenfalls geheim: Die Schiffe waren mit einem speziellen Doppelhüllenrumpf ausgerüstet, um gegen Torpedobeschuss besser geschützt zu sein. Das berichten Mitarbeiter der Reederei DFDS Seaways, die noch heute mit der »Vilnius Seaways« - der früheren »Vilnius« - die Linie Mukran - Klaipeda bedient.

Schon kurz vor der Eröffnung der Linie hatte die westdeutsche Tageszeitung *Die Welt* im Juli 1986 über die »Fährlinie für den Nachschub der Roten Armee« berichtet.[17] Misstrauen, Angst und Hysterie des Kalten Krieges spiegelten sich in der damaligen Berichterstattung über das Fährprojekt wider. Ein Hamburger Journalist wollte sogar erfahren haben, dass von Mukran ein russisches Breitspurgleis bis ins sowjetische Hauptquartier in Eggesin im heutigen Mecklenburg-Vorpommern verlegt werden sollte, und verbreitete die Nachricht in einer Tageszeitung.[18] Das Hauptquartier lag jedoch in Wünsdorf, 40 Kilometer südlich von Berlin. Und von einer Breitspur in der DDR dorthin war bei den Militärs nie ernsthaft die Rede gewesen.

Die Spurbreite der russischen Eisenbahn beträgt traditionell 1520 Millimeter, in Deutschland sind es nur 1435. Im Güterbahnhof von Mukran erhielten daher 25 Prozent der Waggons für die Weiterfahrt deutsche Achsen. 75 Prozent der Ladung wurde per Kran, Gabelstapler oder Hand auf Wagen der DDR-Reichsbahn umgeladen. Noch heute ist Mukran der einzige deutsche Bahnhof mit Breitspurgleisen und wirbt mit dem Superlativ, westlichster Bahnhof der Transsibirischen Eisenbahn zu sein.

Der Fährhafen Mukran

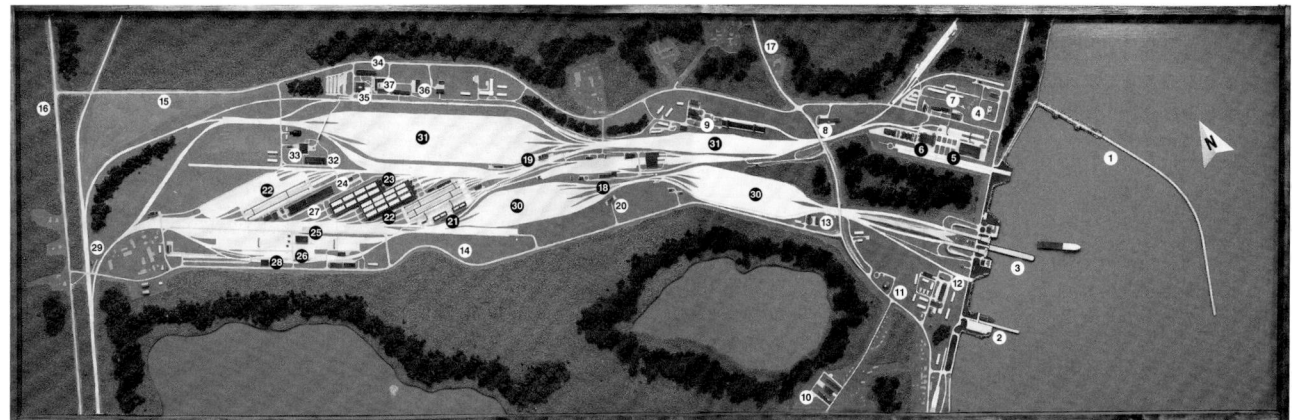

1 Nordmole	7 Direktorat Fährverkehr	16 Fernstraße 96	23 Umladehalle 1	33 Betriebsgaststätte
2 Südmole	8 Feuerwehr	17 Landstraße	24 Umladehalle 2	34 Zentrales Dienstgebäude
3 Fähranleger	9 Heizwerk	18 Zentrale Instandhaltung	25 Umachshalle	35 Ambulatorium
4 Tanklager des	10 Arbeiterwohnheim	Deutsche Reichsbahn (DR)	26 Freiumachsanlage	36 Lehrausbildung
VEB Deutfracht / Seerederei	11 Zentrale Kläranlage	19 Stellwerk B1 / R2	27 Instandhaltung U-Technik	37 Ladenstraße
Rostock (DSR)	12 Instandhaltung	(Normalspur)	28 Gleisbaumaschinenhalle	
5 Schiffsreparatur des	Deutsche Reichsbahn (DR)	20 Stellwerk R3 / R4	29 Geplantes Stellwerk	
VEB Deutfracht / Seerederei	13 Grenzübergangsstelle	(Breitspur)	30 Breitspur Gleisgruppe	
Rostock (DSR)	14 Südstraße	21 Feuergut / Zollrampe	31 Normalspur Gleisgruppe	
6 Schiffsversorgung	15 Nordstraße	22 Freikrananlage	32 Sozialgebäude	

DIE GEBURT EINER IDEE:
DAS GEHEIME »PROJEKT 3700«

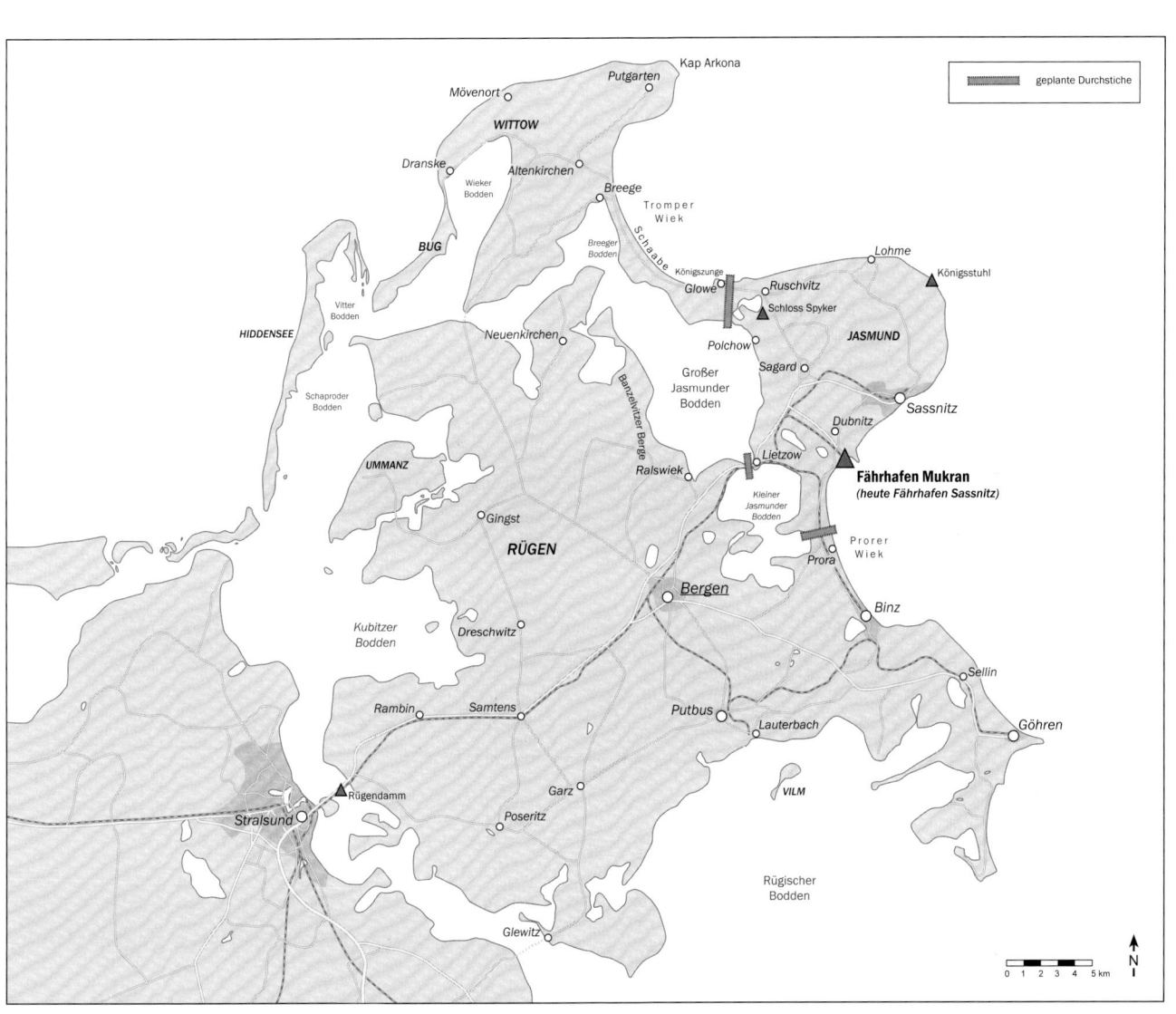

Kap Arkona

Putgarten

Mövenort

WITTOW

Dranske

Altenkirchen

Wieker
Bodden

Breege

Tromper
Wiek

BUG

Breeger
Bodden

Schaabe

Lohme

Königsstuhl

Königszunge

Vitter
Bodden

Glowe

Ruschvitz

HIDDENSEE

Neuenkirchen

Schloss Spyker

Polchow

JASMUND

Schaproder
Bodden

Großer
Jasmunder
Bodden

Sagard

UMMANZ

Banzelvitzer Berge

Ralswiek

Dubnitz

Sassnitz

Gingst

Lietzow

Fährhafen Mukran
(heute Fährhafen Sassnitz)

RÜGEN

Kleiner
Jasmunder
Bodden

Kubitzer
Bodden

Dreschwitz

Prora

Prorer
Wiek

Bergen

Binz

Sellin

Rambin

Samtens

Putbus

Lauterbach

Göhren

Garz

VILM

Poseritz

Rügendamm

Stralsund

Rügischer
Bodden

Glewitz

geplante Durchstiche

0 1 2 3 4 5 km

N

Zu Beginn der sechziger Jahre standen die UdSSR und die DDR erstmals vor einem Transportproblem. Das sozialistische Bruderland Polen hatte die Gebühren für den Transitverkehr immer wieder stark erhöht, um auf diesem Wege zusätzliche Valuta einzunehmen. Die Gebühren wurden nach einem festen Wechselkurs in sogenannten Transferrubeln beim Warenaustausch zwischen den Ländern des sozialistischen Rates für Gegenseitige Wirtschaftshilfe (RGW) berechnet. Gezahlt wurde dann in der Regel mit »Naturalien«: Maschinen, landwirtschaftlichen Produkten und anderen Konsumgütern.

In Moskau und Berlin war man sich einig, dass Polen in Zukunft umfahren werden sollte, falls Warschau seine Gebührenpolitik nicht ändere. Schließlich starteten die Regierungen 1964 geheime Beratungen über eine Fährlinie, die beide Länder direkt miteinander verbinden sollte.

Ein gewaltiges Vorhaben, wie sich bald zeigte. Planer veranschlagten die Kosten auf mehrere Hundert Millionen Deutsche Mark (DM), wie die DDR-Währung bis Mitte 1964 offiziell hieß. In einem Papier der gemeinsamen Arbeitsgruppe aus demselben Jahr stellten die Autoren fest: »Zur Realisierung werden 479 Mio DM an Investitionsmitteln erforderlich, davon entfallen 279 Mio DM auf den Bauanteil.« Und weiter: »Für die Baudurchführung werden zeitweilig maximal 2700 Arbeitskräfte benötigt. Der Betrieb und die Unterhaltung des Fährverkehrs erfordern beim Einsatz von vier Fährschiffen etwa 700 Arbeitskräfte.«[19] Vier Fähren sollten pro Jahr 4,2 Millionen Tonnen an Gütern transportieren. Die Verladung von der Eisenbahn auf die Schiffe sollte den Transport nicht nur billiger, sondern auch schneller machen. Als Eröffnungstermin für den Fährhafen wurde der 30. Juni 1968 angepeilt. Die Idee einer »baltischen Brücke« über die Ostsee, die fortan streng geheim unter der Bezeichnung »Projekt 3700« verhandelt wurde, war geboren.

Auch die Planungen für die Schiffe waren gewaltig: 178 Meter lang und 27 Meter breit sollten sie sein, dabei innen Platz für 1600 Meter Gleise und 102 Waggons bieten. 70 Mann waren als Besatzung für die Fähren vorgesehen, die mit Geschwindigkeiten von bis zu 21 Knoten unterwegs sein sollten.

Als Favorit für den Standort des neuen Hafens galt der Planungskommission das beschauliche Mövenort, westlich vom Kap Arkona an der Nordspitze Rügens gelegen. Zuvor waren mehrere Standorte geprüft worden, unter anderem in Rostock, Sassnitz, Pudagla auf Usedom und Mukran.[20] Trotz ungünstiger Verkehrsanbindungen, so stellten die Kommissionsmitglieder fest, sei Mövenort als Hafen am besten geeignet, »da Wassertiefe und Eisverhältnisse optimale Verhältnisse bieten«, wie es in einem Schreiben an das Verkehrsministerium heißt.[21] Für den wachsenden Container- und Lkw-Verkehr auf Schiffen im Ostseeraum und den zunehmenden Warenaustausch mit der UdSSR bot diese Lage mehr Ausbauflächen im Hafenhinterland als beispielsweise Mukran, das auf Platz 2 der Rangliste gelandet war. Dort sei es kaum möglich, Fläche für die Abfertigung von sechs oder acht Schiffen in die UdSSR zu schaffen. Die Planer dachten auch an Transitverkehre über Mövenort, zum Beispiel von Finnland nach Italien oder von Schweden in die UdSSR, und bezogen langfristig sogar eine Verlagerung des devisenbringenden Schwedenverkehrs auf der »Königslinie« zwischen Sassnitz und Trelleborg nach Mövenort für das Jahr 1970 in ihre Überlegungen ein. Schon damals war der Platz im alten Sassnitzer Hafen knapp, die Schweden selbst hatten eine Verlegung gefordert. Mit dem Bau wäre die Ruhe für die Touristen in Mövenort allerdings dahin gewesen: Der Transport von 1,2 Millionen Tonnen Baustoffen war geplant.

Die sowjetische Seite überlegte, ihren Fährhafen in der

Nähe des Flottenstützpunktes Baltijsk, dem früheren deutschen Pillau im einstigen Ostpreußen, anzusiedeln, wenige Kilometer von Kaliningrad entfernt. Die gesamte Region rund um das frühere Königsberg war während der Sowjetzeit militärisches Sperrgebiet. Auch der Hafen von Leningrad (heute Sankt Petersburg) war zeitweise im Gespräch. Ohne dass sich die Sowjetunion offiziell festgelegt hätte, ging die DDR in ihren Berechnungen lange von Liepaja zwischen Kaliningrad und Leningrad im heutigen Lettland aus - vermutlich, um sich eine halbwegs realistische Grundlage für ihre eigenen Berechnungen zu schaffen.

Im März 1964 sollten die DDR und die UdSSR eigentlich bekanntgeben, für welche Standorte sie sich entschieden hatten. So war es von der Arbeitsgruppe »Großfähre« des Verkehrsministeriums geplant gewesen. Doch dazu kam es nicht. Die Sowjetunion machte einen Rückzieher und weigerte sich 1965, ein entsprechendes zwischenstaatliches Abkommen zu unterzeichnen. Am 12. Oktober 1965 stoppte dann auch das SED-Politbüro das Projekt. Am 3. Juni 1965 beschloss das Präsidium des Ministerrats der DDR, alle Vorbereitungen einzustellen. Die Mitglieder der Expertengruppe mussten sämtliche Planungsunterlagen im Ost-Berliner Verkehrsministerium abgeben und wurden zum Schweigen über das »Projekt 3700« verpflichtet.

Ein Grund für den Sinneswandel in Moskau dürfte gewesen sein, dass Polen die Pläne der DDR und der UdSSR trotz aller Geheimhaltung mitbekommen und 1965 eine geplante Erhöhung der Transitgebühren um 170 Prozent auf Eis gelegt hatte. Offenbar wollte die Regierung in Warschau nicht riskieren, vom Verkehrsfluss abgeschnitten zu werden und am Ende ganz ohne Einnahmen dazustehen.

Erst 1977 begann eine paritätisch besetzte Regierungskommission aus Berlin und Moskau erneut, sich mit dem »Projekt 3700« zu befassen, und verfasste eine »technisch-ökonomische Begründung für die Zweckmäßigkeit der Schaffung einer Fährverbindung zwischen den Häfen der UdSSR und der DDR«.[22] Diesmal war die Initiative von der Sowjetunion ausgegangen: In Moskau hatte man die alten Pläne aus der Schublade geholt und sich in dieser Sache an die DDR gewandt.[23] Vorbild für die neue Eisenbahnfähre war die Verbindung über das Schwarze Meer zwischen dem sowjetischen Iljitschowsk bei Odessa und dem bulgarischen Varna,[24] die sich noch im Bau befand und im November 1978 eröffnet werden sollte. Im Jahr darauf lag eine »Erste Konzeption zur Errichtung eines Fährverkehrs zwischen der DDR und der UdSSR« vor.[25]

Parallel zu den Planungen der neuen Schiffslinie wurde zwischenzeitlich noch eine alternative Variante ernsthaft diskutiert: Eine gemeinsame Arbeitsgruppe der Staatlichen Plankommission der DDR und der entsprechenden Behörde in Moskau (»Gosplan«) sollte prüfen, ob sich der Bau einer direkten Breitspurverbindung von der DDR zur UdSSR anstelle einer Eisenbahnfährverbindung lohnen könnte. Damit wäre ein komplett neuer Schienenstrang zwischen der DDR und der polnisch-sowjetischen Grenze entstanden, das mühsame Umspuren wäre entfallen. Das Problem der hohen Transitgebühren und der aufwendigen Zollformalitäten in Polen wäre damit jedoch nicht gelöst worden. Außerdem hatte die sowjetische Seite von der DDR gefordert, dass sie die Kosten allein tragen sollte – entsprechende Kalkulationen aus den siebziger Jahren waren auf eine Summe von 200 Milliarden Mark hinausgelaufen.[26] Dazu war die Republik jedoch nicht ansatzweise in der Lage. Am 30. April 1981 beschloss der Ministerrat der DDR, die Pläne aufzugeben.[27]

Die Gebühren für den Transit (»Eisenbahntransmittarif«) waren auch bei den weiteren Beratungen über die neue Fährverbindung ein wichtiges Thema: Für Lieferungen durch Polen, die ČSSR und Ungarn hatte die DDR allein 1981 eine Milliarde Mark gezahlt und im Gegenzug für Transporte über ihr Territorium nur 320 Millionen eingenommen.[28] Die drei Bruderstaaten hatten ab 1974 ihre Forderungen im RGW um das Dreifache erhöht und weitere Anhebungen angekündigt.[29] Für das Jahr 1983 fürchtete die DDR-Regierung sogar Ausgaben von 1,4 Milliarden Mark. 18 Prozent aller Exportkosten entfielen mittlerweile auf den Transit. Hier versprach die neue Direktverbindung Abhilfe: 1990 – so der Plan – sollten nur noch 19 Prozent der Güterströme durch Polen laufen. 1980 waren es noch 50 Prozent gewesen.[30]

Erneut wurden mehrere Standorte für die neue Hafenanlage geprüft, die eine Arbeitsgruppe aus Mitgliedern des Verkehrsministeriums, der Deutschen Reichsbahn, des Rates des Bezirks Rostock und der Staatlichen Plankommission zuvor in die engere Wahl gezogen hatten.[31] Einige Häfen auf der Liste waren bereits in den sechziger Jahren für das »Projekt 3700« untersucht worden, hinzu kamen der Jasmunder Bodden auf Rügen sowie Gristow und Gahlkow am Greifswalder Bodden.[32]

Gegen einen Bau in der Nähe von Rostock sprach, dass die geprüften Standorte am Breitling und in Markgrafenheide im Vergleich die größte Entfernung nach Klaipeda aufwiesen, jenem Ort, den die Sowjetunion für ihren Hafen ausgewählt hatte. Längere Fahrtzeiten und höhere Treibstoffkosten wären die Folge gewesen. Zudem war das Seegebiet vor Rostock bereits stark befahren und hatte auch den Militärs nicht gefallen, die offenbar eine allzu exponierte Lage des strategisch wichtigen Fährhafens fürchteten. Die Expertenkommission schrieb: »Beide Standorte im Raum Rostock liegen nördlich einer durch das Ministerium für Nationale Verteidigung festgelegten Linie, für dessen Raum empfohlen wird, auf eine weitere Errichtung von Anlagen und anderen größeren Bauwerken Abstand zu nehmen.«[33]

Die Region Breitling lag zudem am Naturschutzgebiet Schnatermann, und Markgrafenheide befand sich in einem Feriengebiet, das nach Einschätzung der Arbeitsgruppe kaum zu ersetzen war. Mövenort war diesmal von der Liste gestrichen worden, weil der 33 Kilometer lange neue Eisenbahnanschluss unverhältnismäßig teuer gewesen wäre. Ein Hafen im Jasmunder Bodden wäre zwar wegen seiner geschützten Lage von den Militärs bevorzugt worden, doch der Bau eines Seekanals bei Glowe quer durch die Schaabe hätte kaum kalkulierbare Folgen für die Boddengewässer gehabt. Bei der Schaabe handelt es sich um eine bei Touristen sehr beliebte zwölf Kilometer lange Nehrung zwischen den Halbinseln Jasmund und Wittow. Der Fährbahn-

Die nachgebaute Kogge
am Strand von Mukran
war ein beliebtes Restau-
rant, das zu Beginn der
Bauarbeiten komplett
geräumt und bei einer
Feuerwehrübung in Brand
gesetzt wurde.

Die Postkarte aus den fünfziger Jahren zeigt eine der wenigen erhaltenen historischen Ansichten des kleinen Dorfes.

hof hätte in einem Naturschutzgebiet nördlich von Ralswiek gebaut werden sollen. Lange und damit teure Seekanäle, die ständig ausgebaggert hätten werden müssen, wären auch am Greifswalder Bodden notwendig gewesen. Außerdem fürchteten die Planer negative Folgen für die küstennahe Fischerei durch den starken Fährverkehr.

Mukran war in dem aktualisierten Konzept mit zunächst geplanten Investitionen von 1,42 Milliarden Mark 100 bis 250 Millionen billiger als die anderen Optionen und damit der günstigste Standort, lag allerdings bei den jährlich anfallenden Kosten von 45,8 Millionen Mark für den laufen-

den Betrieb an der Spitze der Rangliste.[34] Fachleute rechneten aber aus, dass den Investitionen in Mukran gewaltige Einsparungen von 880 Millionen Mark gegenüberstünden, die nicht mehr für Transitgebühren durch Polen gezahlt werden müssten (gerechnet für den gesamten Zeitraum von 1986 bis 1990). Die Entlastungen für die DDR und der Rückgang der Einnahmen waren für Polen enorm. Entsprechend verärgert reagierte die Regierung in Warschau. Kurz nach Eröffnung der Fährlinie sollte der dortige Regierungssprecher Jerzy Urban tatsächlich Verluste in Milliardenhöhe beklagen.[35]

Für Mukran sprachen noch weitere Gründe: Wegen der direkten Küstenlage würde kein Seekanal ins Hinterland erforderlich sein, und auch Naherholungs- und Feriengebiete wären von Bau und Betrieb nicht betroffen. Zudem sei der Seeweg von der Prorer Wiek zur sowjetischen Ostseeküste mit 273 Seemeilen (506 Kilometer) relativ kurz und das Gelände günstig in der Nähe der bereits bestehenden Bahnlinie Berlin – Sassnitz gelegen.[36]

Vor der Entscheidung hatte die Kommission auch die militärischen Aspekte geprüft, die detaillierten Untersuchungsergebnisse unterlagen jedoch der Geheimhaltung. In einem Bericht heißt es dazu lapidar: »Daher wird davon ausgegangen, daß von allen ökonomisch vertretbaren Standorten sich die militärischen Aspekte an diesem Standort am besten mit dem Fähranlagenbau koordinieren lassen.«[37]

Am 13. April 1981 schließlich entschied sich auch das Präsidium des Ministerrates der DDR für Mukran und erklärte von allen geprüften Standorten diesen zur »Vorzugsvariante«. Verkehrsminister Otto Arndt persönlich informierte am 7. Juli 1981 ZK-Sekretär Günter Mittag über die Gründe.

Auch das Militär war fest in die Projektplanung eingebunden. In einem Befehl vom 4. Februar 1982 legte der Minister für Nationale Verteidigung, Heinz Hoffmann, die Aufgaben der Nationalen Volksarmee fest. Sie sollte die militärischen Anforderungen im gesamten Planungsprozess durchsetzen und die Arbeiten bis Ende 1985 mit Pionierbautruppen unterstützen.

Dass das Projekt für das Militär von großer Bedeutung war, ließ sich auch daran erkennen, dass der Minister seinen Stellvertreter und Chef des Hauptstabes, Fritz Streletz, persönlich mit der Gesamtkoordination betraute und für die Abstimmung mit den zivilen Organen verantwortlich machte: »Der Vertreter des Ministeriums für Nationale Verteidigung in der Arbeitsgruppe staatlicher Leiter hat die Einflußnahme auf die Durchsetzung der militärischen Forderungen bei der Planung, Projektierung und Realisierung der Bauvorhaben zur Schaffung des Fährhafens / Fährbahnhofs Mukran zu gewährleisten«, hieß es in dem Befehl.[38] Die Arbeitsgruppe im Ministerium war außerdem für die Unterbringung der Soldaten in Prora zuständig und wurde angewiesen, beim Bezirk Rostock Wohnungen für Familienangehörige der Berufssoldaten anzufordern und diese »mit Mobiliar aus Armeebeständen auszustatten«.[39]

Die NVA ließ sich für ihre Unterstützung und den Einsatz der Bausoldaten aus dem Staatshaushalt zusätzlich bezahlen. Das Ministerium kalkulierte die Leistungen im Jahr 1982 mit fünf Millionen Mark. In den Jahren danach würde die jährliche Summe auf 15 Millionen steigen. Neben regulären Soldaten, Bausoldaten und 24 Reserveoffizieren sollten die Pioniereinheiten auch Baufahrzeuge, Kräne, Kipplaster und Raupen stellen. Für den Beauftragten des Ministers stand ein Fahrer mit Dienstwagen zur Verfügung, der jedoch - so lautete der Befehl - nicht mehr als 20 000 Kilometer pro Jahr zurücklegen durfte. Benzin war knapp.

Selbst über die Motivation der Truppe in Mukran machte man sich Gedanken: Zu den Aufgaben der Führungsoffiziere gehörte es laut einer internen Anweisung, mit Prämienmitteln eine Stimulierung der Arbeitsleistungen herbeizuführen und einen sozialistischen Wettbewerb zwischen den Einheiten zu organisieren.

Noch im Jahr 1982 begannen die Bauarbeiten auf der Grundlage eines Vertrages zwischen Berlin und Moskau vom 18. Juni mit dem Titel »Abkommen zwischen der Regierung der DDR und der Regierung der UdSSR über die Errichtung eines Eisenbahnfährverkehrs zwischen dem Hafen Sassnitz / Mukran (DDR) und dem Hafen Klaipeda (UdSSR)«.

EXKURS:
UNVOLLENDETE VORLÄUFER –
DER RÜGENHAFEN
UND SEINE GESCHICHTE

1   Glowe
2   Baracke des Baulagers
3   Überreste der Kanalbauarbeiten
4   Spyckerscher See

Der Bau eines großen Hafens auf Rügen hat die deutschen Militärs schon lange vor der Einrichtung der Fährverbindung Mukran – Klaipeda fasziniert. Mindestens drei Mal gab es Pläne, den Großen Jasmunder Bodden bei Glowe für einen Stützpunkt zu nutzen. Kein einziger sollte je verwirklicht werden.

Die Geschichte der Rügenhafenprojekte reicht bis weit ins 19. Jahrhundert zurück. Nach der Revolution von 1848 waren es preußische Admiräle, die sich im Zuge des Schleswig-Holsteinischen Krieges gegen Dänemark für den Bau eines Stützpunktes der neu gegründeten gesamtdeutschen Marine auf der Insel Rügen starkmachten.[40]

Konkret ging es dabei um eine Stationierung am Großen Jasmunder Bodden mit Durchstich durch die Schaabe, eine Idee, die später im Vorfeld der Bauarbeiten in Mukran erneut diskutiert werden sollte.

Die Pläne hatten sich jedoch erledigt, als die sogenannte Reichsflotte 1852 wieder aufgelöst wurde. Auch das kurzzeitig auf preußischer Seite wieder aufgeflammte Interesse an einem Militärhafen auf Rügen legte sich, nachdem 1864 Schleswig und Holstein unter preußische und österreichische Verwaltung gestellt wurden und Österreich die Stationierung preußischer Kriegsschiffe in Kiel erlaubte.[41]

Fast ein Jahrhundert später belebten die Nationalsozialisten die Pläne für einen Ostseehafen auf Rügen neu. 1937 hatten bereits erste Vorbereitungen zum Bau eines Stützpunktes am Jasmunder Bodden begonnen. Der Oberbefehlshaber der Kriegsmarine, Großadmiral Erich Raeder, wies am 21. Januar 1938 in einem Schreiben an die Ministerien und führenden Militärs des Reiches darauf hin, dass ein neuer Stützpunkt in der mittleren Ostsee erforderlich sei.[42] Ostpreußen war nach Unterzeichnung des Versailler Vertrages nur durch den polnischen Korridor oder auf dem Seeweg

erreichbar. Zudem galt es, im Vorfeld des Krieges den Import von Erz aus dem Norden sicherzustellen. Neben einem Kriegshafen hielt Raeder daher auch den Bau eines Handelshafens mit Industrie im Dörfchen Polchow für denkbar. In den Banzelvitzer Bergen am Jasmunder Bodden sollte zunächst eine gewaltige Flottille von 25 U-Booten, mehreren Tendern und Torpedobooten stationiert werden. Die spätere Endzielplanung vom 17. Mai 1939 kalkulierte mit einer Aufstockung um weitere 30 Boote. Quellen im Militärarchiv des Bundesarchivs belegen zudem, dass die Nationalsozialisten prüfen ließen, ob ein Rügenhafen auch für große Kriegsschiffe in Frage käme. Die Reichsmarine ging von einem Hafenbecken mit einer Tiefe bis zu 13 Metern aus. An mehreren Molen sollten je zwei Schlachtschiffe festmachen können. Auch die Westseite des Stichkanals bei Glowe sollte als Anlegestelle genutzt werden.[43] Der Durchstich, der nach diesen Plänen in der Nähe von Schloss Spyker vorgesehen war, sollte 250 Meter breit werden. Ein Großprojekt: An den Kais, in der Werft und in den Kasernen sollten laut Plan 11 000 Menschen arbeiten.[44] Am Königshörn entstanden bereits Abschnitte einer Mole und eine erste Anlegebrücke für U-Boote, der Kanaldurchstich wurde begonnen.

1940 wurden die Bauarbeiten jedoch eingestellt. Nach dem Einmarsch in Polen und dem Abschluss des deutsch-sowjetischen Nichtangriffspaktes war der Grund für ein Projekt dieser Größenordnung entfallen. Der Seekrieg tobte auf dem Atlantik, nicht in der Ostsee. Erst kurz vor Kriegsende holte die Marine die alten Pläne noch einmal aus der Schublade und prüfte den Bau einer verbunkerten Werft für Neubau und Reparaturen von U-Booten. Am Atlantik waren die Alliierten gelandet, so dass dort keine Kapazitäten mehr zur Verfügung standen. Über die Planungsphase kam das Projekt aber auch diesmal nicht hinaus.[45]

Der beliebte Strand auf
der Schaabe wäre bei
einem Durchstich zum
Bodden teilweise zerstört
worden.

In der Nähe des heutigen Restaurants »Ostseeperle« des Architekten Ulrich Müther sollte bei Glowe der Durchstich von der Ostsee zum Bodden erfolgen.

In solchen Baracken lebten 1953 die Bauarbeiter, bevor das Kanalprojekt gestoppt wurde.

Anfang der fünfziger Jahre war es die Regierung der DDR, die sich mit konkreten Plänen für einen Hafen auf Rügen befasste. Militärs hatten festgestellt, dass die Kapazitäten in den Häfen für den Aufbau einer schlagkräftigen Volksmarine mit mehr als 300 Schiffen nicht ausreichten, und ersonnen das »Sonderbauvorhaben Glowe«. Ein Besuch des Oberkommandierenden der sowjetischen Streitkräfte in der DDR, Wassili Iwanowitsch Tschuikow, am 7. Mai 1952 auf Rügen soll der Auslöser für die nun einsetzenden Bauarbeiten gewesen sein, die noch im selben Jahr begannen.[46]

Mehr als 200 Familien wurden für das Projekt kurzerhand umgesiedelt. Später erhielten 172 Familien in Glowe den Befehl, den Ort zu verlassen, er sollte komplett geräumt werden. Die Straße zwischen Ruschvitz und Breege wurde gesperrt, so dass die Halbinsel Wittow nur noch über Umwege zu erreichen war. Bagger begannen gleichzeitig an der Boddenseite und am Ostseeufer, den Durchstich durch die Schaabe zu graben.[47] Mehr als eine Million Kubikmeter Erdreich wurde für den geplanten Hafen aufgespült.[48] Unter anderem sollen dabei mehrere Tausend Häftlinge eingesetzt worden sein, die in nahe gelegenen Straflagern untergebracht waren.[49]

Doch ebenso schnell, wie die Arbeiten begonnen hatten, endeten sie am 18. Juni 1953. Auch auf Rügen, so berichtet es ein beteiligter Zeitzeuge, hatten die Werktätigen während des Volksaufstandes am 17. Juni die Arbeit niedergelegt. Danach änderte die DDR-Regierung ihren politischen Kurs. Am 15. Juli 1953 begann die Auflösung der Baustelle. Die Bewohner Glowes, deren Evakuierung noch nicht begonnen hatte, konnten in ihren Häusern bleiben. Das Projekt wurde zu den Akten gelegt.

Noch heute lassen sich die Spuren der unvollendeten Rügenhafen-Projekte auf der Insel besichtigen.

DIE GRÖSSTE BAUSTELLE DER DDR

1982 begannen am Strand
von Mukran die Arbeiten
für das größte Verkehrs-
bauprojekt der DDR.

Vier Jahre dauerten die Bauarbeiten, bis der Fährkomplex in Mukran schließlich am 2. Oktober 1986 eröffnet werden konnte. DDR-Verkehrsminister Otto Arndt, sein für Seeverkehr und Binnenschifffahrt zuständiger Stellvertreter Heinz Rentner und reichlich örtliche Prominenz trafen sich in dem neuen Ostseehafen, um den ersten Transport auf der Fährverbindung zu feiern.[50] Zwar waren zu diesem Zeitpunkt erst 60 Prozent der Anlagen fertiggestellt,[51] dennoch jubelte das *Neue Deutschland* und lobte besonders die pünktliche Eröffnung: »Das ist ein Beweis der Leistungskraft des Sozialismus, des Schöpfertums der Werktätigen.«[52]

Ein Erfolg, den man stolz zuerst dem Klassenfeind präsentierte: Westdeutsche Journalisten waren bereits am 30. September 1986 zu einer Besichtigung des Hafens und des Fährschiffes »Mukran« eingeladen, ihre DDR-Kollegen konnten erst am 3. Oktober berichten. Eine Ironie der Geschichte – die ersten Bilder der »größten Baustelle der deutsch-sowjetischen Freundschaft«, wie das Projekt im offiziellen Sprachgebrauch hieß, erreichten die DDR-Bürger über das Westfernsehen.[53]

Die Baggerarbeiten hatten bereits im März 1982 begonnen, ohne dass die Anwohner vorher informiert worden waren, was mit dem Strandabschnitt geschehen sollte. Gerüchte machten die Runde. Erst Wochen nach dem Baubeginn folgte die offizielle Erklärung der Regierung in Ost-Berlin, dass zwischen Sassnitz und Binz ein Fährhafen mit dem größten Bahnhof der DDR entstehen würde.

Das Interesse der Rügener und der Touristen an dem Projekt war groß. Zeitzeugen berichten von langen Fahrzeugschlangen, die die Wege für Baufahrzeuge im Sommer verstopften. Manche Besucher verließen ihre Autos, gingen ohne Erlaubnis auf das Gelände oder versuchten, im entstehenden Hafen zu baden.[54] Die Behörden zogen Konsequenzen und ließen die viel befahrene Straße zwischen Binz und Sassnitz für den Normalverkehr sperren. Wer im Osten Rügens unterwegs war, musste nun weite Umwege in Kauf nehmen.

Bis dahin war die Gegend um das Fischerdörfchen Mukran, dessen erstmals 1318 urkundlich erwähnter Name aus dem Slawischen stammt und mit nass oder feucht übersetzt werden kann, für Besucher nicht allzu interessant gewesen. Es lag abseits der wichtigsten Zentren des organisierten DDR-Tourismus und hatte neben einem steinigen Strand lediglich die nahe gelegenen Feuersteinfelder, das sogenannte steinerne Meer, als Attraktion zu bieten. Mit Baubeginn änderte sich die Situation – zunächst vor allem für die Anwohner: Zehn Familien mussten für die Arbeiten umgesiedelt werden. Auch von der benachbarten Ortschaft Borchtitz blieb nicht viel übrig: Sie »wurde geschliffen«, wie es in den Akten des MfS heißt.[55]

In Mukran entstand ein Tiefwasserhafen mit einer mehr als 1300 Meter langen, sichelförmigen Nordmole und einer knapp 200 Meter langen Südmole, die als Anlegestelle für Schnellboote der Volksmarine gedacht war und nach den ersten Plänen sogar deutlich weiter ins Meer hätte hineinragen sollen.[56] Beide Molen begrenzten die sogenannte Wendeplatte, die einen Durchmesser von etwa 600 Metern hatte und den Schiffen genügend Platz bot, bei der Ankunft zu wenden und mit dem Heck voran an der 216 Meter langen und 28 Meter breiten Pier anzulegen. Für die Transporte des Materials zur Baustelle legte die DDR-Eisenbahngesellschaft Deutsche Reichsbahn ein eigenes Gleis von der Linie zwischen Lietzow und Binz durch den Wald in die Nähe der Mukraner Feuersteinfelder, das am Ende parallel zum Strand bis zur Südmole führte.[57]

Neben den Hafen- und Gleisanlagen entstanden in Mukran fünf große Hallen, in denen die Eisenbahnwagen be- und entladen werden konnten, sowie eine Umspurhalle

Bagger und Lastwagen
bewegten Millionen
Tonnen Erdreich, um
ebene und tragfähige
Flächen für den Fährhafen
zu schaffen.

Im Norden des Hafens
entstand eine 1300 Meter
lange Mole, die sich
sichelförmig ins Meer
erstreckt.

Der Stelzenbagger
»Krake« im Einsatz
beim Bau der Pier.

Im Frühjahr 1985 wird die
Pier für den Fährhafen
errichtet. Dazu werden
kreisförmige Senkkästen
auf den Meeresgrund
abgelassen und mit
Sand befüllt. Sie bilden
das Fundament.

Hubschrauber fliegen Teile der Lüftungsanlagen für die Umschlaghallen ein.

Das Heizwerk auf dem Gelände versorgte die Gebäude des Fährkomplexes und die Stadt Sassnitz mit Fernwärme.

und vier Freikrananlagen. Eine besonders gesicherte Rampe sollte den problemlosen Umschlag gefährlicher Güter gewährleisten. Für den Notfall stand 300 Meter vom Pier entfernt die einzige Berufsfeuerwehr Rügens zum Ausrücken bereit.

Das Bauprojekt umfasste auch die Errichtung neuer »Arbeiterwohnheime« in Sagard und Bergen. 1200 Wohnungen entstanden dort für die Beschäftigten des Fährkomplexes. Die Aussicht auf eine gut ausgestattete Unterkunft sollte Rügen für Arbeiter und ihre Familien attraktiv machen. Wohnraum war in der DDR, trotz der großen Bauprogramme der siebziger und achtziger Jahre, weiterhin knapp.

Am Westrand des Güterbahnhofs wurde ein eigenes Heizwerk gebaut, das später nicht nur den Fährkomplex, sondern auch Teile von Sassnitz mit Fernwärme versorgen sollte. Schließlich errichteten die Arbeiter im Hafen eine neue Grenzübergangsstelle (GÜSt) mit einem fast zwei Meter hohen Zaun, mehreren Wachtürmen und Alarmvorrichtungen. Wie die gesamte DDR-Grenze wurde auch das Tor zur Ostsee mit Hilfe des MfS strengstens kontrolliert.

Bis zu 3500 Arbeiter wurden beim Bau des neuen Hafens eingesetzt.[58] Zu den wichtigsten Helfern auf der Baustelle gehörten dabei die Soldaten der NVA,[59] darunter das Pionierbaubataillon Mukran und die Baueinheit 2 (BE-2). Auch Mitglieder der Freien Deutschen Jugend (FDJ) beteiligten sich an dem beispiellosen Prestigeprojekt. Sie kamen aus Rostock nach Mukran, um dort »Pionierarbeit« zu leisten.[60]

Dennoch herrschte chronischer Arbeitskräftemangel: Gefragt waren nicht nur Spezialisten, sondern vor allem auch Männer für die schweren körperlichen Arbeiten. Die Armee setzte dafür unter anderen mehrere Hundert Bausoldaten ein, die den Wehrdienst an der Waffe verweigert hatten. Sie übernahm neben anspruchsvollen Arbeiten auch schlichte Transportdienste. Die NVA wurde dafür gut bezahlt: 487 756,50 Mark überwies das Verkehrsministerium beispielsweise für den Transport von 50 000 Kubikmetern Erde.[61]

Trotz dieser Kosten rechnete sich der Einsatz von Wehrpflichtigen auf der Baustelle: Die Soldaten waren eine preisgünstige Alternative zu den teureren Facharbeitern, die zudem leistungsabhängige Prämien erhalten hätten.[62]

Die Unterstützung des Militärs war auch über den Eröffnungstermin hinaus gesichert: Am 17. Februar 1986 garantierte der Chef des Pionierwesens im Verteidigungsministerium dem stellvertretenden Verkehrsminister Heinz Rentner, dass die Bereitstellung von Soldaten-Arbeitern bis zur letzten Ausbaustufe im Jahr 1989 fortgesetzt würde.[63] Bis dahin fehlte es aber nicht nur an Bauarbeitern, sondern auch an zivilem Personal für die Arbeit im Hafen und auf dem Güterbahnhof. Noch im Mai 1986, vier Monate vor der offiziellen Eröffnung, waren 305 Stellen offen. Besonders gesucht wurden jetzt vor allem Rangierer und Experten für die Rechnerstationen. Mit Hilfe von Presseberichten und Plakataktionen in Reichsbahndienststellen sollten neue Mitarbeiter angeworben werden.[64]

Reichsbahner bauen
die Gleise im Umschlag-
bereich des Fährhafens.

Verzweigte Gleisanlagen
im Fährhafen von Mukran.

Charakteristisch für das Bauprojekt in Mukran war die Zusammenarbeit der DDR-Arbeiter und Ingenieure mit ihren sowjetischen Kollegen. Ihr gemeinsamer Einsatz sollte exemplarisch die gute Beziehung der Bruderstaaten symbolisieren und wurde entsprechend propagandistisch genutzt. So waren für die Konstruktion und die Montage der jeweils 45 Meter langen zweistöckigen Fährbrücken, über die später die Züge auf die Schiffe rollen sollten, Experten aus der DDR sowohl auf Rügen als auch in Klaipeda zuständig. Die Herstellung der Breitspurgleise im Hafen wiederum erfolgte mit Hilfe von Spezialmaschinen, die die UdSSR geliefert hatte.[65] Erwartungsgemäß lobten die Funktionäre die engen Kontakte »der Bauschaffenden in Mukran und Klaipeda«.[66] Im August 1984 unterzeichneten die örtliche Kreisleitung der SED und das Stadtkomitee der Kommunistischen Partei Klaipedas außerdem ein Abkommen, das den »internationalen sozialistischen Wettbewerb« und einen »freundschaftlichen Erfahrungsaustausch« als Ziel benannte.[67] Zum 40. Jahrestag des Endes des Zweiten Weltkriegs wurde das Kollektiv der Baustelle Mukran mit dem Ehrentitel »Großbaustelle der deutsch-sowjetischen Freundschaft« ausgezeichnet.

Die Arbeiten an dem Großprojekt selbst verliefen bei weitem nicht reibungslos. Vor allem die Bodenverhältnisse machten den Bauarbeitern zu schaffen und stellten sie vor unangenehme Überraschungen. Ganze Baugruben liefen zeitweise voll, ohne dass das Wasser wieder habe abfließen können. Bei Grabungen für die Fundamente war man auf unerwartet mächtige Kreideschichten gestoßen, die aufwendig ausgebaggert und mit Kies verfüllt werden mussten, den man aus dem nahen Dörfchen Dubnitz heranschaffte. »Auf weichem Grund droht dem Fährhafen Mukran ein Debakel«, schrieb *Die Welt* im Juli 1984.[68] Zeitzeugen berichten von einer riesigen Schlammwüste, die an der Küste entstanden sei.

Trotz dieser Probleme begannen die ersten Erprobungen des Fährschiffes »Mukran«, der Hafenanlagen und der Vorrichtungen für die Umspurung am 1. Juni 1986. Am 1. bis zum 25. September folgten die ersten Testfahrten auf der Linie von Rügen nach Klaipeda und zurück.

Dass zur Eröffnung nur ein Teil der Anlagen fertiggestellt war, entsprach zwar dem Plan, erschwerte aber dennoch die reibungslose Aufnahme des Fährbetriebes in vielen Bereichen. Zwei große Umladehallen konnten noch nicht in voller Länge genutzt werden, die Beleuchtung für Wege und Gleise war nicht komplett. Ein Mitarbeiter aus der Führung der Fährlinie schrieb am 9. Oktober 1986, also kurz nach der Eröffnung, ernüchtert: »Gegenwärtig wird nur ein Drittel der erforderlichen Leistung erbracht.«[69] Das Verkehrsministerium monierte wenige Tage später zudem, dass die Krananlagen ihren Betrieb noch nicht vollständig aufgenommen hätten.[70]

Auch der »Anfahrstab«, der die Inbetriebnahme kritisch unter die Lupe nehmen sollte, entdeckte diverse Startschwierigkeiten. Dabei ging es allerdings nur in zweiter Linie um technische Probleme. Der Stabsleiter konstatierte in seinem Bericht: »Hauptansatzpunkt für die Verbesserung der Arbeit bilden Durchsetzung von Ordnung und Disziplin in den verschiedenen Leitungsebenen gegenüber gegebenen Weisungen.«[71]

Mukran blieb auch nach der Eröffnung des Hafens eine Baustelle. 1987 stellte der Leiter der Stasi-Bezirksverwaltung Rostock zudem fest, dass die Kapazitäten des Rügendamms nicht ausreichten. Die einzige feste Zufahrt zur Insel müsse zweigleisig für die Bahn und vierspurig für den Straßenverkehr ausgebaut werden. Außerdem sollte die Eisenbahnstrecke bis 1989 elektrifiziert sein.[72] Ein Verbindungsgleis von Mukran zum Stadthafen Sassnitz wurde geplant, zu DDR-Zeiten jedoch nicht mehr realisiert.[73]

Am 1. Juli 1987 ging mit der Indienststellung der ersten sowjetischen Fähre die zweite Ausbaustufe der Fährverbindung in Betrieb. Die Kapazitäten in den Häfen mussten nun verdoppelt werden. In Mukran wurden zwei weitere Freikrananlagen, eine neue Umladehalle und neue Gleise in Betrieb genommen.

»Planerfüllung 1986 –
Ehrensache« stand
auf dem Transparent
der Arbeiter, die sich
zur Eröffnung im Hafen
versammelt hatten.

Die Post der DDR gab
zur Eröffnung »Maximum-
karten« mit Sonderbrief-
marken und Sonderstem-
pel heraus.

BRUDERZWIST IM HINTERZIMMER:
DER STREIT UM DIE KOMMANDANTUR

Noch heute stehen im
Hafen die Reste der
Baracken, in denen die
sowjetischen Soldaten
der Begleitkommandos
für Militärtransporte
untergebracht waren.

Dass die Staaten des Warschauer Paktes keine strategischen Entscheidungen ohne den Segen der sowjetischen Regierung in Moskau treffen konnten, ist unter Historikern unbestritten. Dennoch war nicht jedes Wort der UdSSR bei Detailfragen gleich Gesetz. Der Streit über die Einrichtung einer Umschlagbasis für die UdSSR und eine Kommandantur für die Gruppe der Sowjetischen Streitkräfte in Deutschland in Mukran belegt exemplarisch, dass sich die sozialistischen Staaten nicht immer brüderlich gesonnen waren.

Bereits vor der Einweihung des Fährhafens in Mukran hatte die UdSSR auf unterer Regierungsebene und bei bilateralen Gesprächen der Militärs mehrmals entsprechende Ansprüche geltend gemacht – ohne Erfolg.[74] Die DDR pochte in ihrer Zurückweisung der sowjetischen Forderungen auf die bisher getroffenen Vereinbarungen, in denen weder planmäßige Militärtransporte noch die Einrichtung einer sowjetischen Umschlagbasis und einer Kommandantur auf dem Gelände des Fährkomplexes festgelegt worden seien.[75] Ein seltener Vorgang, wie die Historiker Ilko-Sascha Kowalczuk und Stefan Wolle konstatieren: »Es geschah das Unmögliche«, schreiben sie: »Das Politbüro, die NVA, das MfS, der örtliche Rat und die staatliche Plankommission verweigerten die Umsetzung und beriefen sich auf den Vertrag.«[76] Vermutlich habe sich die DDR quergestellt, um die Regie über den Hafen nicht aus der Hand zu geben.

Die DDR argumentierte auf der Grundlage des Abkommens vom Juni 1986 und ignorierte dabei, dass zuvor durchaus Vereinbarungen über Transporte von Armeetechnik und Soldaten getroffen worden waren. Am 1. Juni 1982 hatte das Politbüro selbst beschlossen, dass die Fähren auch zu solchen Zwecken genutzt werden sollten.[77] Die »Beförderung von schwerer Ketten- und Radtechnik sowie von gefährlichen Gütern« mit Eisenbahnwagen war ausdrücklich vorgesehen.[78] Zwei Jahre später hatten beide Seiten eine Vereinbarung über »Abgestimmte Regelungen zur Durchführung von Militärgüter- und Mannschaftstransporten« unterzeichnet, in der die Beförderung von »Spezialgütern« der höchsten Gefahrgutklasse und »Mannschaftstransporte« festgehalten waren.[79] Die DDR befand sich in der Zwickmühle: Sie hatte den Grundlagen für die Transporte zugestimmt, wollte ihre Institutionalisierung jedoch verhindern.

Grundsätzlich signalisierte die DDR-Führung jedoch ihre Bereitschaft, den Sowjets »einige Räume« für eine Transportkommandantur zur Verfügung zu stellen.[80] Von einer eigenen Umladebasis wollte man in Ost-Berlin jedoch nichts wissen. Ein Offizier und sieben Zivilangestellte müssten ausreichen. Die Arbeit könnten sie am 1. September 1986 aufnehmen, hieß es.[81]

Doch die Sowjets blieben hartnäckig. Als der Oberkommandierende der GSSD, Armeegeneral Pjotr Luschew, am 17. Februar 1986 schriftlich mitteilte, jährlich 22 000 Eisenbahnwagen mit 650 000 bis 700 000 Tonnen Militärgütern über Mukran transportieren zu wollen, kündigte er ungeachtet des DDR-Vetos erneut den Bau einer eigenen Umladebasis an. Um eine entsprechende Genehmigung bat er nicht.[82] 20 Mitarbeiter sollten 1986 den Anfang machen, schrieb der Oberkommandierende. Bis 1990 sollte das Personal auf 180 Personen aufgestockt werden, für deren Unterbringung, falls nötig, ein eigenes Gebäude errichtet werden sollte.

Die DDR blieb ebenfalls hart. Der mächtige Chef der Staatlichen Plankommission, Gerhard Schürer, schrieb zwei Wochen später an den Vorsitzenden des Ministerrats, Willi Stoph: »In Übereinstimmung mit dem Minister für Verkehrswesen und dem Minister für Außenhandel schlage ich Ihnen vor, der Bitte des Oberkommandierenden der Gruppe der sowjetischen Streitkräfte in Deutschland zur Unterbringung einer Umladebasis für Militärtransporte nicht zu entsprechen.« Begründung: Es fehle der nötige Platz für weitere Anlagen.[83] Ein Argument, dass die Sowjets angesichts der Größe von Mukran kaum überzeugte.

Bei einem Besuch am 10. Juli 1986 in Mukran legte der Oberkommandierende mit leicht reduzierten Forderungen nach: 120 Mitarbeiter werde er für die Umladebasis einsetzen, davon 70 Zivilisten. Die Kosten für das erforderliche Gebäude veranschlagte der General auf 18 bis 20 Millionen Mark. Am 20. August teilte Luschews Nachfolger, Waleri Belikow, dem Ministerratsvorsitzenden Stoph in einem Brief mit, das sowjetische Verteidigungsministerium habe bereits 70 Planstellen für die Basis genehmigt. Der Bau eines Gebäudes sei »erforderlich«, die GSSD übernehme dafür die Kosten.[84]

Weil die DDR auf diese Ankündigung offenbar noch immer nicht reagierte, konkretisierte Belikow seine Forderungen am 23. September während eines Gesprächs bei Verteidigungsminister Heinz Keßler erneut. Diesmal war wieder von 180 Leuten die Rede, die auf einer Fläche von fünf bis sechs Hektar 48 Wohnungen, ein Dienstgebäude sowie eine Kaserne für 100 Mann mit mehreren Nebengebäuden benötigten.[85]

Jetzt reagierte die DDR-Führung. Der Vorsitzende des Ministerrates, Willi Stoph, schrieb am 14. Oktober 1986, also wenige Tage nach der Eröffnung der Fährverbindung, einen leicht gereizten Brief an das Kommando der sowjetischen Streitkräfte in der DDR (»Werter Genosse Oberkommandierender!«) und wies darauf hin, dass beide Staaten keine Vereinbarungen über »regelmäßige Transporte von Militärgütern« getroffen hätten. Mukran sei außerdem ohne eine militärische Umschlagbasis konzipiert worden.[86] Sechs Diensträume bot Stoph in dem Brief an Belikow an, den er sich am Tag zuvor von Honecker hatte absegnen lassen. Dazu offerierte er 21 Wohnungen für sowjetische Offiziere in Sassnitz.[87]

Noch während beide Seiten Gespräche führten und Briefe schrieben, schuf die sowjetische Armee Tatsachen. Ohne entsprechende Einigung schickten die Sowjets 20 Soldaten nach Mukran, die sich nach der Eröffnung der Fährlinie im Ferienheim »Völkerfreundschaft« (heute Hotel Königslinie) an der damals gesperrten Landstraße von Neu-Mukran nach Prora einquartierten.[88]

Die Zustände in Mukran beschäftigten schließlich auch SED-Chef Erich Honecker, der weder Präsenz noch Aktivitäten sowjetischer Einheiten in Mukran wünschte.[89] Am 30. Oktober 1987 bestätigte er einen Auftrag an die Führung der NVA, der Gruppe der sowjetischen Streitkräfte folgende »Festlegungen« auf diplomatische Weise nahezubringen:

»1. Auf dem Fährkomplex in Mukran sind alle Aktivitäten der Freunde einzufrieren.

2. Die z.Z. anwesenden Angehörigen (20 Personen) sind nicht weiter aufzustocken.

3. Die Unterkunft im Ferienheim Völkerfreundschaft wird weiter gesichert.«

Es bleibe dabei, »daß den Freunden kein Territorium auf dem Fährkomplex Mukran zur Verfügung gestellt wird«.[90]

Die Staatssicherheit beobachtete misstrauisch, wie sich die »Freunde« auf Rügen aufführten. In zahlreichen Berichten ist von Reibereien zwischen Eisenbahnern und sowjetischen Soldaten die Rede, die als Begleitkommandos für Militärtransporte eingesetzt waren. Auf dem Hafengelände hätte es Unmut und »negative Diskussionen« gegeben. Ein Umschlagarbeiter wird mit den Worten zitiert: »Wir wollen nicht mit der MPi im Rücken arbeiten.«[91] Wenn sich ein Transport verzögerte, hielten sich die Soldaten manchmal tagelang auf dem Hafengelände auf, ohne dass es zunächst genug Unterbringungsräume und Sanitäreinrichtungen für sie gegeben hätte. Als provisorische Lösung stellte man im März 1988 für die Begleitkommandos drei Waggons als Unterkunft bereit.[92]

In Ost-Berlin schien man sich damit abzufinden, dass die sowjetischen Soldaten nicht von Mukran fernzuhalten waren. Ein Mitarbeiter des Bereichs »Spezielle Transport- und Bauaufgaben« des Verkehrsministeriums erinnerte die politische Führung in einem Schreiben schließlich an die Vereinbarung beider Staaten, dass mit den Schiffen bis zu 300 Soldaten transportiert werden sollten, und schlug vor, ein zusätzliches Gleis für zwölf Mannschaftswaggons zur Lösung der Unterkunftsprobleme zu bauen. Auch das Sanitäranlagenproblem müsse angegangen werden. Nötig sei dafür »in unmittelbarer Nähe des Abstellorts ein massiver Sanitärkomplex mit zehn Toiletten, einer Pissoirrinne und vier Handwaschrinnen (ein Wasserhahn für 25 Mann)«.[93]

Am Ende rückten auch die Sowjets von ihren Maximalforderungen ab. Nicht mehr 180, sondern lediglich 42 Militärangehörige, davon elf Offiziere, durften sich in Mukran einrichten und erhielten ein eigenes Gebäude am Ende einer Sackgasse in der Nähe des Kraftwerks.[94] »Vertretung für Militärtransportwesen« nannten sie das Haus am Westrand des Fährkomplexes, das zuvor als Kartoffelschälküche der Betriebsgaststätte »Vilnius« genutzt worden war und auch nach dem Ende der DDR noch für einige Zeit in sowjetischer beziehungsweise russischer Hand blieb: Nach 1990 waren hier jene Wachmannschaften untergebracht, die beim Abzug der sowjetischen Armee die Militärtransporte sicherten.

ZEITZEUGE LUTZ LANGENHAN:
DER PROJEKTLEITER

Als Lutz Langenhan (Jahrgang 1937) zum ersten Mal von dem geplanten Hafenprojekt auf Rügen erfuhr, steckte der Bauingenieur der Reichsbahn und Spezialist für Fährhäfen noch mitten in der Arbeit an einem anderen Großprojekt. Er war mit dem Bau des dritten Hafenbeckens in Rostock beschäftigt, als es im Juli 1981 in der großen Runde der Hafenplaner hieß: »Wir fahren nach Odessa!«. »Eine streng geheime Reise«, erinnert sich Langenhan heute. Eine ganze Gruppe von Fachleuten der Bereiche Bau, Schifffahrt und Eisenbahn machte sich auf dem Weg ans Schwarze Meer, um herauszufinden, ob die Eisenbahnfähren vom sowjetischen Iljitschowsk bei Odessa nach Varna in Bulgarien Vorbild für die neue Linie über die Ostsee sein könnten. Den Grund der Reise erfuhr Langenhan erst kurz vor dem Abflug.

Das Verkehrsministerium bestimmte ihn schließlich dazu, als Vizepräsident der Deutschen Reichsbahn den Aufbau des Fährhafens Mukran zu leiten. Offiziell wurde Langenhan zum Direktor des Investitionsauftraggebers (IAG) ernannt, der als Bauherr des »Sonderbauvorhabens« auftrat und auch für die Konstruktion der Fähren und die Projektierung der Landanlagen in Klaipeda verantwortlich zeichnete.

Die Gruppe kam kopfschüttelnd von dem geheimen Trip zurück und war sich einig, dass die Schwarzmeer-Linie nur bedingt als Vorbild für das eigene Projekt dienen konnte: Wenn alles glattlief, dauerte es dort 38 Stunden, bis eine Fähre mit Eisenbahnwagen beladen war. Für die neue Verbindung von der DDR zur UdSSR wurde eine Umlaufzeit von insgesamt 48 Stunden avisiert - inklusive Fahrt, so dass die Be- und Entladung der Schiffe sehr schnell erfolgen musste.

»Am Anfang hatten wir noch keine rechte Vorstellung von der Dauer des Unternehmens«, erinnert sich Langenhan. Doch nach der Rückkehr wurde die ehrgeizige Zeitvorgabe diktiert: Ein Jahr hatten er und seine Kollegen für die Planungen Zeit, dann sollten die ersten Bagger rollen. Das Gelände in Mukran war gut gewählt. Nur drei bis vier Häuser standen im Weg. Langenhan: »Dann haben wir den Strand okkupiert.«

Für die Entscheidung der Planer, auf der neuen Linie Schiffe mit beladenen Eisenbahnwagen einzusetzen anstatt den Güterverkehr mit den schon damals weit verbreiteten Containern abzuwickeln, gab es plausible Gründe: Die Infrastruktur für Containerabfertigungen war in der Sowjetunion nicht vorhanden. »Außerdem hatten wir die Sorge, dass die Container in Sibirien verschwinden«, merkt Langenhan an. Die genormten Blechkisten seien damals in der UdSSR besonders als Garagen, Jagdhütten oder Datschen (Wochenendhäuschen) beliebt gewesen. Die DDR hätte - so die allgemeine Befürchtung - die Container nach dem Transport in Richtung Osten nie wieder gesehen.

Grundsätzlich hätten seine Pläne nicht der Geheimhaltung unterlegen. Einige Details waren jedoch nicht für die Öffentlichkeit bestimmt. Dazu zählten die veranschlagten Investitionen von rund zwei Milliarden DDR-Mark und technische Details, die das Militär den Reichsbahnern vorgeschrieben hatten, beispielsweise die Konstruktion der Gleisanlagen auf den Schiffen, die Platz für die Auslegung mit Bohlen lassen sollte, um im Kriegsfalle auch Lastwagen oder Panzer transportieren zu können.

Von militärischer Bedeutung und somit geheim waren auch die Informationen darüber, in welchem Winkel die Rampen an Land zu den Schiffsdecks führten. Gefordert waren möglichst flache Winkel, so dass auch Raketentransporte mit extrem langen Fahrzeugen die Rampen befahren konnten, ohne an den Steigungen mit dem Heck aufzusetzen.

Die Prüfung sogenannter »Sondertransporte« erfolgte streng vertraulich. Die Planer der Fährverbindung sollten herausfinden, ob sich per Eisenbahnfähre auch Atommüll des DDR-Atomkraftwerks Greifswald in die Sowjetunion transportieren ließe. Bis dahin hatte die DDR die abgebrannten Elemente aus dem Reaktor per Eisenbahn auf dem Landweg fortgeschafft. Mukran sei als Alternative ins Auge gefasst worden, berichtet Langenhan, der sich um sichere Stellplätze für die DDR-Castoren im Fährhafen kümmern sollte.

Doch Monate bevor die erste Fähre in See stach, kam das Aus für die nuklearen »Sondertransporte«. Langenhan sagt, die Litauer hätten sich in Moskau massiv dagegen gewehrt, Klaipeda als Durchgangsstation für Atommülllieferungen zu nutzen. »In der Vereinbarung zwischen der DDR und der UdSSR zur Errichtung der Fährverbindung ist der Transport von Atommüll nicht vorgesehen«, heißt es dazu in einem Geheimdienstbericht.[95]

Bereits bei einer der ersten Probefahrten machte Langenhan Bekanntschaft mit der westdeutschen Bundesmarine. Der Zerstörer »Bayern« kam von achtern auf die »Mukran« zu, ging Steuerbord längsseits und wechselte nach Backbord. Nachdem das Schiff wieder verschwunden war, sagte der Kapitän der neu gebauten »Mukran« zu Langenhan: »Jetzt haben sie alles aufgenommen.« Vermutlich hatte die Besatzung der »Bayern« die Maschinen- und Schraubengeräusche der Eisenbahnfähre und damit gleichsam ihren »Fingerabdruck« dokumentiert. Der Klang jedes Schiffes ist unverwechselbar und wird unter anderem von U-Boot-Crews genutzt, um mit Hilfe des Sonars herauszufinden, wer über ihnen unterwegs ist und wie schnell das Schiff fährt.

Auch nach der Einweihung der Fährverbindung blieb Langenhan für den Fährkomplex mit dem Eisenbahnbetrieb und den Güterumschlag verantwortlich. Allerdings erfuhr er bei militärischen Transporten keine Einzelheiten – dafür sei die Leitstelle der Nationalen Volksarmee zuständig gewesen, die ebenfalls im Hafen residierte. Langenhan: »Der Ansprechpartner für die sowjetischen Offiziere war der Chef der NVA-Transportkommandantur.«

Hafenchef Langenhan verfügte für die damalige Zeit über einen modernen kurzen Draht zu seinem Kollegen in Klaipeda. »Ich hatte in meinem Büro eine Wechselsprechanlage«, erzählt er. »Wenn ich auf den Knopf gedrückt habe, war Aljoscha dran«, ein leitender Mitarbeiter des Hafens auf sowjetischer Seite. Die direkte Verbindung hatte schon zu DDR-Zeiten Anlass für Spekulationen gegeben, ob dafür ein geheimes Seekabel genutzt wurde, das bereits in der NS-Zeit Rügen mit dem damaligen deutschen Memel verbunden haben soll. Langenhan widerspricht jedoch: »Das war einfach eine gesonderte Schaltung für uns.«

Eine Frage beschäftigt den ehemaligen Hafenchef bis heute: Warum hat Staats- und Parteichef Erich Honecker Mukran nie besucht? Sowohl in der Bauphase als auch danach hätten er und seine Kollegen sich immer wieder gefragt: »Wann kommt er denn nun?« Nicht einmal zur Eröffnung habe er sich blicken lassen. Dass Honecker die Gelegenheit verstreichen ließ, sich vor Ort für das Renommierprojekt feiern zu lassen, sei für ihn überraschend gewesen, sagt Langenhan. Er vermutet, dass die Sowjets an der Abwesenheit Honeckers schuld gewesen seien. In der UdSSR war die Ebene unterhalb des Politbüros für die Fährverbindung zuständig. Möglicherweise habe sich daraufhin die DDR-Führung entschlossen, das Projekt nicht mit der eigenen Präsenz aufzuwerten.

Langenhan verließ Mukran 1988, er lebt heute mit seiner Familie in Magdeburg. Zu seinem Nachfolger als Hafenchef wurde Rudi Dobbert ernannt.

EXKURS:
EINE UNTERWASSERARCHÄOLOGISCHE
SENSATION

100 Meter vom Strand
vor Mukran entfernt
entdeckten Taucher auf
dem Boden der Ostsee
das Wrack eines däni-
schen Kriegsschiffes aus
dem 16. Jahrhundert.

Seit der Schlacht
am 21. Mai 1565
lag die Kanone
auf dem Meeresgrund
vor Mukran.

Tauchgänge gehörten zu den Routineübungen der NVA-Pioniertaucher, in regelmäßigen Abständen mussten sie den Einsatz unter Wasser trainieren. Doch im Sommer 1985 wollten die Männer um Kapitänleutnant Peter Wilfert nicht wie gewohnt an ihrem Stützpunkt im Sassnitzer Ortsteil Dwasieden ins trübe Wasser des Stadthafens steigen. Vor Mukran fuhren sie mit einem Schlauchboot auf die Ostsee hinaus und begannen ihren Tauchgang 100 Meter vom Strand entfernt. Diesmal sahen sie nicht nur Seegras und Fische. »Wir haben einen Steinhaufen entdeckt, der eine ungewöhnliche, längliche Form hatte«, erinnert sich der ehemalige Offizier der NVA. Den Männern war bald klar, dass sie auf ein Schiffswrack gestoßen waren. Dass sie es mit einem unterwasserarchäologischen Sensationsfund zu tun hatten, ahnten sie jedoch nicht. Unter einer Sandschicht verborgen fanden sie eine altertümlich anmutende Kanone, einige Kugeln lagen verstreut daneben. Das Bronzestück war noch bestens erhalten.

Wilfert ist überzeugt: »Ohne die Bauarbeiten in Mukran hätten wir das Wrack nie gefunden.« Neu entstandene Strömungen hatten das Schiff freigespült. Die Bronzekanone kam zum Vorschein, als die Taucher an mehreren Stellen den Sand vom Wrack fegten. Beim nächsten Tauchgang holten die Taucher - den strengen Dienstvorschriften zum Trotz - den Fotografen Uwe Lippek hinzu, der über eine Unterwasserausrüstung verfügte und das Wrack samt Kanone ablichtete.

Nachdem die Soldaten sie mit Muskelkraft gehoben hatten, stellten sie die Kanone zunächst im »Club« ihrer Unterkunft aus und übergaben sie schließlich dem Schifffahrtsmuseum Rostock, wo das Fundstück bis heute besichtigt werden kann.

Spezialisten dort gelang es später, mit Sandstrahlgeräten eine hervorragend erhaltene Inschrift auf dem Rohr freizulegen, die Aufschluss über die Herkunft der Kanone geben konnte: Christian von Gotes Genad Konich ch tho Denemarcken Nordwegen und der Goten anno domini 1551.[96] Das Rohr war in diesem Jahr für Christian III., von Gottes Gnaden König über Dänemark, Norwegen und die Goten, gegossen worden. Neben dem Namen zierte das Fundstück eine Gravur des dänischen Königswappens mit den drei Lö-

wen und neun Herzen. Von dem Schiff selbst, das in nur 2,5 Meter Tiefe in der Brandungszone lag, waren noch Reste des Bodens erhalten. Vermutlich handelte es sich um ein Kriegsschiff von etwa 30 Meter Länge, möglicherweise auch um ein Handelsschiff, das erst später für den Seekampf aufgerüstet worden war.[97]

Historiker gehen davon aus, dass es während des Nordischen Siebenjährigen Krieges (1563–1570) bei einer Schlacht am 21. Mai 1565 vor Mukran gesunken war. In jener Zeit kämpften die Dänen gemeinsam mit Polen und der Hansestadt Lübeck gegen Schweden, das im Baltikum den Russlandhandel mit einer Blockade des Hafens von Narva behinderte.[98] Den Auseinandersetzungen, die auch als Dreikronenkrieg bekannt sind, waren lange Kämpfe zwischen Dänemark und Schweden um die Vormachtstellung im Ostseeraum vorausgegangen. Der Krieg zog sich über Jahre ohne entscheidende Wendungen hin und endete am 13. Dezember 1570 mit dem Frieden von Stettin, ohne dass territoriale Veränderungen eingetreten waren.[99]

Vor der Schlacht von Mukran, deren Verlauf nur teilweise geklärt ist, sollen sich 50 schwedische Schiffe auf dem Weg zur Insel Bornholm befunden haben, an deren südlicher Küste neun Schiffe der Dänen und Lübecker vor Anker lagen. Angesichts der feindlichen Übermacht versuchten diese daraufhin, in Richtung Rügen zu entkommen, wurden aber von den Schweden bis zur Prorer Wiek verfolgt - dorthin, wo Jahrhunderte später der Fährhafen Mukran entstehen sollte. Fünf Schiffe der Dänen und Lübecker segelten auf ihrer Flucht weiter in Richtung Süden, vier gingen bei Mukran vor Anker. Als die Schweden näher kamen, sollen 400 Mann von Bord gegangen sein, um sich an Land mit ihren Waffen in Stellung zu bringen. Am Morgen des 21. Mai 1565 entdeckten die Schweden die kleine Flotte und nahmen sie unter Beschuss.[100] Vermutlich setzten die Dänen und Lübecker daraufhin ihre Schiffe selbst in Brand, um sie nicht dem Gegner zu überlassen.

Die Kanone, das wichtigste erhaltene Relikt dieser Schlacht, beschäftigt die Wissenschaft noch heute. Im Sommer 2011 begannen Forscher der Universität Rostock mit materialtechnischen Analysen, die Aufschluss über die Herstellung der Waffe geben sollen.[101]

»BAUEN UNTER GEFECHTSMÄSSIGEN BEDINGUNGEN«: DIE SPATENSOLDATEN VON PRORA

Luftaufnahme vom geplanten Seebad der NS-Organisation »Kraft durch Freude« in Prora. Der Bau wurde erst nach 1945 fertiggestellt und später teilweise von der NVA genutzt. Im Block V waren die Bausoldaten untergebracht. Im Hintergrund ist der Schornstein des Heizkraftwerkes von Mukran zu erkennen.

Bausoldat im Einsatz.

Kilometerweit ziehen sich
in Prora die Flure durch
die Kasernengebäude.

Mukran – der Name steht nicht nur für das seinerzeit größte Verkehrsbauprojekt der DDR. Er ist auch eng verbunden mit der Geschichte der Verweigerer des Wehrdienstes mit der Waffe, die aus Sicht des sozialistischen »Friedensstaates« dem imperialistischen Feind in die Hände spielten und daher mit Repressionen zu rechnen hatten. Die jungen Männer hießen Bau- oder Spatensoldaten. Hunderte von ihnen mussten auf der Baustelle in Mukran schuften. Genaue Zahlen gibt es nicht, sicher ist jedoch, dass die DDR zuvor noch nie so viele Wehrdienstverweigerer für ein einzelnes Projekt eingesetzt hatte. Untergebracht waren sie zunächst in Zelten, später im Block V des nie fertiggestellten Seebades der Nazis in Prora, das wegen seiner Ausmaße von mehr als vier Kilometern Länge nicht umsonst »Koloss von Rügen« genannt wurde. 1982 lebten dort 150 Bausoldaten,[102] 1985 waren es 354.[103]

Bausoldaten gab es in der DDR ab 1964. Die Volkskammer hatte am 24. Januar 1962 das Wehrpflichtgesetz offiziell verabschiedet, zum 4. April desselben Jahres wurden die ersten Soldaten in die NVA-Kasernen einberufen. In der Bevölkerung und selbst innerhalb der SED war die Einführung der Wehrpflicht durchaus umstritten.[104] Die Kritiker waren besorgt über die fortschreitende Militarisierung der DDR-Gesellschaft nach dem Bau der Mauer und der Schließung der Grenzen. Sie befürchteten, dass im Kriegsfall Deutsche auf Deutsche würden schießen müssen.[105]

Die Kirchen verwiesen außerdem auf die Glaubens- und Gewissenskonflikte, die sich für die Christen beim Eid auf die DDR-Fahne und die darin enthaltene Forderung nach »unbedingtem Gehorsam« gegenüber militärischen Vorgesetzten ergeben mussten. Sie forderten eine Regelung auch für jene jungen Männer, die eine bewaffnete Austragung des Klassenkampfes ablehnten. Der Konflikt mit der Regierung, die sich in den Jahren zuvor noch um ein Arrangement mit den Kirchen bemüht hatte, war vorprogrammiert, da die Verweigerer aus marxistisch-leninistischer Perspektive per se als Feinde des SED-Staates erscheinen mussten. Eine Wehrdienstverweigerung konnte qua Gesetz mit bis zu fünf Jahren Gefängnis geahndet werden. Dass die Gerichte in der Regel niedrigere Strafen verhängten oder die Verweigerer gar nicht behelligt wurden, löste das Problem nicht, so dass schon im Mai 1963 in dem Bericht eines NVA-Oberst erstmals eine Alternative zum Dienst an der Waffe gefordert wurde – die Einrichtung von Bau- und Arbeitsbataillonen innerhalb der NVA.[106] Ein Vorschlag, dessen gesetzliche Ausarbeitung bald vom Nationalen Verteidigungsrat bestätigt wurde. Die Regierung hatte vermutlich darauf gehofft, auf diesem Wege nicht nur die Kritiker der Wehrpflicht zum Schweigen zu bringen, sie konnte nun auch für ihre Bauprojekte und in der Produktion mit einer großen Zahl billiger Arbeitskräfte kalkulieren. Schließlich löste die neue Regelung auch die Probleme, die sich im Umgang mit den Verweigerern offenbart hatten: Während harte Strafen die Kritiker auf den Plan riefen, hätte eine lockere Handhabung leicht als Anreiz zur Verweigerung aufgefasst werden können.

Die »Bausoldaten«, wie die offizielle Bezeichnung nun lautete, sollten dem Gesetz zufolge für zivile und militärische Baumaßnahmen eingesetzt werden, staatspolitische Schulungen erhalten und an einer Exerzierausbildung ohne Waffe teilnehmen. Anstelle eines Eides mussten sie ein Gelöbnis ablegen, das weiterhin den umstrittenen Passus des »unbedingten Gehorsams« enthielt.[107]

Im November 1964 zog die NVA die ersten 220 Bausoldaten ein. Bis zum Frühjahr desselben Jahres hatten 1550 Wehrpflichtige den Dienst in der NVA verweigert.[108] Nun sollten auch sie für jeweils 18 Monate ihren Beitrag leisten, den sozialistischen Staat »gegen alle Feinde« zu verteidigen,

GESETZBLATT
der Deutschen Demokratischen Republik

1964	Berlin, den 16. September 1964	Teil I Nr. 11

Anordnung
des Nationalen Verteidigungsrates
der Deutschen Demokratischen Republik
über die Aufstellung von Baueinheiten im Bereich des Ministeriums für Nationale Verteidigung.

Vom 7. September 1964

§ 1

(1) Im Bereich des Ministeriums für Nationale Verteidigung sind Baueinheiten aufzustellen.

(2) Der Dienst in den Baueinheiten ist Wehrersatzdienst gemäß § 25 des Wehrpflichtgesetzes vom 24. Januar 1962 (GBl. I S. 2). Er wird ohne Waffe durchgeführt.

§ 2

(1) Die Baueinheiten haben die Aufgabe, Arbeitsleistungen im Interesse der Deutschen Demokratischen Republik zu erfüllen. Dazu gehören insbesondere:

a) Mitarbeit bei Straßen- und Verkehrsbauten sowie Ausbau von Verteidigungs- und sonstigen militärischen Anlagen;

b) Beseitigung von Übungsschäden;

c) Einsatz bei Katastrophen.

(2) Der Einsatz der Baueinheiten erfolgt durch den Minister für Nationale Verteidigung oder die von ihm dazu Beauftragten.

§ 3

Für die Angehörigen der Baueinheiten gelten die gesetzlichen und militärischen Bestimmungen, die den Grundwehrdienst bzw. den Reservistenwehrdienst in der Nationalen Volksarmee regeln, soweit nicht in dieser Anordnung etwas anderes festgelegt ist.

§ 4

(1) Zum Dienst in den Baueinheiten werden solche Wehrpflichtigen herangezogen, die aus religiösen Anschauungen oder aus ähnlichen Gründen den Wehrdienst mit der Waffe ablehnen.

(2) Die Angehörigen der Baueinheiten tragen den Dienstgrad „Bausoldat".

§ 5

(1) Die Angehörigen der Baueinheiten leisten keinen Fahneneid nach § 3 der Dienstlaufbahnordnung vom 24. Januar 1962 (GBl. I S 6).

(2) Die Angehörigen der Baueinheiten legen ein Gelöbnis ab (Anlage).

§ 6

Neben der Heranziehung zu Arbeitsleistungen gemäß § 2 Abs. 1 ist mit den Angehörigen der Baueinheiten folgende Ausbildung durchzuführen:

a) staatspolitische Schulung,

b) Schulung über gesetzliche und militärische Bestimmungen,

c) Exerzierausbildung ohne Waffe,

d) militärische Körperertüchtigung,

e) Pionierdienst und spezialfachliche Ausbildung,

f) Schutzausbildung,

g) Ausbildung in der Ersten Hilfe.

§ 7

Die Bausoldaten der Baueinheiten tragen eine steingraue Uniform mit Effekten und der Waffenfarbe „oliv". Als besonderes Kennzeichen tragen sie das Symbol eines Spatens auf den Schulterklappen.

§ 8

Ungediente Reservisten, bei denen die Voraussetzungen des § 4 Abs. 1 zutreffen, sowie gediente Reservisten, die Dienst in den Baueinheiten geleistet haben, können als Ersatz für den Reservistenwehrdienst zur Ausbildung oder zu Übungen in den Baueinheiten einberufen werden.

§ 9

Die Vorgesetzten der Angehörigen der Baueinheiten (Ausbildungspersonal) sind bewährte Soldaten, Unteroffiziere und Offiziere der Nationalen Volksarmee.

§ 10

Im Interesse der Steigerung der Arbeitsproduktivität können den Angehörigen der Baueinheiten als materieller Anreiz zusätzlich zum Wehrsold Zuschläge gezahlt werden. Voraussetzung für die Zahlung von Zuschlägen ist die Übererfüllung der geforderten Arbeitsleistungen.

§ 11

Der Minister für Nationale Verteidigung erläßt zur Durchführung dieser Anordnung die erforderlichen Durchführungs- und militärischen Bestimmungen.

§ 12

Diese Anordnung tritt mit Wirkung vom 1. September 1964 in Kraft.

Berlin, den 7. September 1964

Der Vorsitzende
des Nationalen Verteidigungsrates

W. Ulbricht

Anlage

(zu § 5 Abs. 2 vorstehender Anordnung)

GELÖBNIS

ICH GELOBE:

Der Deutschen Demokratischen Republik, meinem Vaterland, allzeit treu zu dienen und meine Kraft für die Erhöhung ihrer Verteidigungsbereitschaft einzusetzen.

ICH GELOBE:

Als Angehöriger der Baueinheiten durch gute Arbeitsleistungen aktiv dazu beizutragen, daß die Nationale Volksarmee an der Seite der Sowjetarmee und der Armeen der mit uns verbündeten sozialistischen Länder den sozialistischen Staat gegen alle Feinde verteidigen und den Sieg erringen kann.

ICH GELOBE:

Ehrlich, tapfer, diszipliniert und wachsam zu sein, den Vorgesetzten unbedingten Gehorsam zu leisten, ihre Befehle mit aller Entschlossenheit zu erfüllen und die militärischen und staatlichen Geheimnisse immer streng zu wahren.

ICH GELOBE:

Gewissenhaft die zur Erfüllung meiner Aufgaben erforderlichen Kenntnisse zu erwerben, die gesetzlichen und militärischen Bestimmungen zu erfüllen und überall die Ehre unserer Republik und meiner Einheit zu wahren.

Herausgeber: Büro des Ministerrates der Deutschen Demokratischen Republik, Berlin C 2, Klosterstraße 47 — Redaktion: Berlin C 2, Klosterstraße 47. Telefon: 209 36 22 — Ag 134/64/DDR — Verlag: (610/62) Staatsverlag der Deutschen Demokratischen Republik, Berlin C 2, Telefon: 51 05 21 — Erscheint nach Bedarf — Fortlaufender Bezug nur durch die Post — Bezugspreis: Vierteljährlich Teil I 1,20 MDN, Teil II 1,80 MDN und Teil III 1,80 MDN — Einzelabgabe bis zum Umfang von 8 Seiten 0,15 MDN, bis zum Umfang von 16 Seiten 0,25 MDN, bis zum Umfang von 32 Seiten 0,40 MDN, bis zum Umfang von 48 Seiten 0,55 MDN je Exemplar, je weitere 16 Seiten 0,15 MDN mehr — Bestellungen beim Zentral-Versand Erfurt, Erfurt, Postschließfach 696, sowie Bezug gegen Barzahlung in der Verkaufsstelle des Verlages, Berlin C 2, Roßstraße 6 — Druck: Staatsdruckerei der Deutschen Demokratischen Republik.   **Index 31 816**

wie es das Gelöbnis verlangte. Übrig blieben die sogenannten »Totalverweigerer«, die auch den Bausoldatendienst ablehnten – etwa 7500 zwischen Einführung der Wehrpflicht und Herbst 1989.[109] Sie mussten lange Zeit weiterhin mit Haftstrafen rechnen. Die Zahl jener, die den Bausoldatendienst antreten mussten, veränderte sich von Jahr zu Jahr und stieg vor allem mit Beginn der achtziger Jahre stark an. In den Archiven finden sich dabei ganz unterschiedliche Statistiken, deren Angaben zwischen 12 000 und 16 785 Bausoldaten variieren.[110]

Während die Wehrdienstverweigerer in der Bundesrepublik bis Anfang der achtziger Jahre ihre Gründe in einer persönlichen Anhörung darlegen mussten, fand eine ähnliche Prozedur in der DDR nicht statt. Hier wussten die Verweigerer jedoch, dass sie mit erheblichen Schikanen durch staatliche Behörden, mit beruflicher Diskriminierung und persönlicher Diffamierung rechnen mussten. Häufig blieben ihnen die gewünschten Studienplätze und ein selbstbestimmter Weg ins Arbeitsleben im Anschluss an ihre Bausoldatenzeit verwehrt. Die Entscheidung, den Wehrdienst an der Waffe zu verweigern, sollte den jungen Männern möglichst schwer gemacht werden.

In ihrer Uniform, auf deren Schulterklappen die symbolische Darstellung eines Spatens appliziert war, unterschieden sich die Bausoldaten schon rein äußerlich von ihren Waffen tragenden Kollegen. In der Truppe fielen sie darüber hinaus durch ihr unangepasstes Verhalten auf, oft bestanden sie auf Wahrung ihrer Rechte und schrieben Beschwerden oder Eingaben. Einige galten als überdurchschnittlich gebildet und auch den Offizieren intellektuell überlegen – viele Vorgesetzte zeigten sich vom Umgang mit den jungen Männern überfordert. Das Ministerium für Nationale Verteidigung zog daraus Konsequenzen: Offiziere von Einheiten mit Bausoldaten wurden in der Regel bereits nach einem Jahr ausgetauscht. In einem Schreiben der Staatssicherheit an das Kommando der Landstreitkräfte vom 19. Mai 1983 heißt es: »Es ist zu gewährleisten, daß nur befähigte, politisch zuverlässige und gegenüber den Problemen des MfS aufgeschlossene Offiziere zum Einsatz kommen.«[111]

Mit der hohen Zahl der nach Mukran kommandierten »Spatis«, wie sich die Bausoldaten untereinander gelegent-

lich bezeichneten, folgte die NVA einem Ministerbefehl vom 16. Juni 1982 über den »Einsatz von Bausoldaten zur Erfüllung von Schwerpunktaufgaben in der Volkswirtschaft«.[112] Dafür waren DDR-weit 820 Planstellen unter dem Befehl des Chefs für Pionierbauwesen vorgesehen. Die größte Gruppe stellten die 180 Bausoldaten, die in Prora auf Rügen stationiert und von denen die meisten im Fährhafen eingesetzt werden sollten.[113]

Der Befehl bedeutete einen Wandel beim Einsatz der Bausoldaten, die seit Mitte der siebziger Jahre überwiegend sogenannte Sicherstellungsaufgaben bei den Rückwärtigen Diensten der NVA in Erholungsheimen, Lehreinrichtungen oder im Verteidigungsministerium übernommen hatten. Zumeist wurden die Männer im Einzeldienst eingesetzt, zum Beispiel als Hausmeister oder Heizer. Im Kollegium des Verteidigungsministeriums, das dem Minister beratend zur Seite stand, wurde jedoch kritisiert, dass die Erledigung von Sicherstellungsaufgaben weitaus komfortabler war als den Pflichten eines normalen Grundwehrdienstleistenden nachzukommen. Das Gremium forderte, die Verweigerer in Baueinheiten zusammenzuführen, sie durch einen Militärangehörigen befehligen zu lassen und ihnen körperlich schwere Arbeit zu übertragen.[114] Die leichteren Sicherstellungsaufgaben hingegen sollten Soldaten übernehmen, die wegen gesundheitlicher Probleme nicht mehr für den aktiven Armeedienst geeignet waren.

Das in Prenzlau stationierte Pionierbaubataillon 32 erhielt am 16. Juni 1982 den Befehl des Verteidigungsministers, ein gesondertes »Pionierbaubataillon Mukran« aufzustellen.[115] Im November 1982 und Mai 1984, so hieß es, seien »jeweils 150 Bausoldaten (...) zur Durchführung des Bauvorhabens Fährhafen / Fährbahnhof Mukran einzuberufen«.[116] Insgesamt schickte die NVA 1982 800 Soldaten auf die Baustelle, inklusive der Verweigerer.[117] In den darauffolgenden Jahren sollte die Zahl der Bausoldaten jedoch kontinuierlich ansteigen: Für den Rügener Standort Prora waren 1985 offiziell 354 Bausoldaten registriert, von denen jedoch nicht alle kontinuierlich auf der Baustelle Mukran eingesetzt waren.[118] Kontakte zu Ausländern, insbesondere aus dem Westen, hatten zu unterbleiben. Zu Beginn der Dienstzeit sollten eine zehntägige »militärische Grundaus-

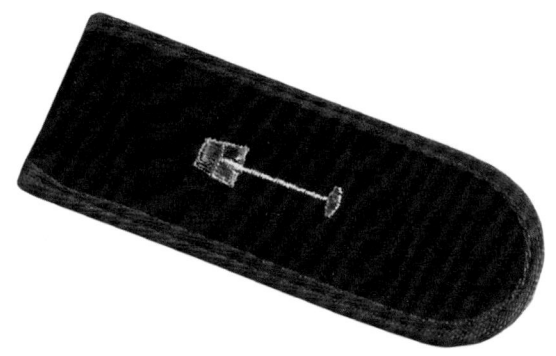

Ein Spaten zierte das Schulterstück auf der Uniform der Bausoldaten.

bildung« sowie vier Stunden politischer Unterricht zur Vorbereitung auf das Gelöbnis erfolgen.[119]

Mukran, das bedeutete »harte Vorgaben, Bauen unter gefechtsmäßigen Bedingungen«, wie es in einer Beratung der Politischen Hauptverwaltung mit Kommandeuren und Politoffizieren von Baueinheiten 1987 von einem Beteiligten formuliert wurde.[120] Die Bausoldaten mussten schwere körperliche Tätigkeiten verrichten, darunter Erdarbeiten mit Schaufel und Spaten. Die Schichten dauerten bis zu zwölf Stunden, gearbeitet wurde teilweise rund um die Uhr. Das Essen hatte einen miserablen Ruf, Ausgang gab es nur höchst selten.[121] Zeitzeugen berichten von extremen physischen und psychischen Belastungen.[122]

Besonders berüchtigt waren die Bauarbeiten in den Senkkästen (Caisson), die sich glockenartig in einer Tiefe von elf bis 20 Metern unter Wasser befanden. Dort erledigten die Bausoldaten unter der Anleitung von Zivilbeschäftigten per Hand Schachtarbeiten.[123] Die Betonglocken wurden druckbelüftet, so dass stets die Gefahr bestand, die Taucherkrankheit (Dekompressionskrankheit) zu bekommen. Auch hier dauerten die Schichten bis zu zwölf Stunden. Bei Disziplinarverstößen wurden zusätzliche Arbeiten angeordnet.[124] Die in Prora stationierten Bausoldaten wurden aber nicht nur in Mukran, sondern auch für Arbeiten in der Kläranlage und beim Wohnungsbau in Sassnitz und in Binz in der Energieversorgung eingesetzt. Unter den Betroffenen vor Ort kursierte der Spruch: »Drei Worte genügen:

Nie wieder Rügen«.[125] Dennoch stellte die Bauleitung fest: »Auf der Baustelle zeigen diese Soldaten gute Arbeitsleistungen.«[126]

Aus staatlicher und militärischer Perspektive waren die Bausoldaten gesellschaftliche Außenseiter, Staatsfeinde oder galten sogar als Konterrevolutionäre. Bei ihren Einheiten handele es sich folglich um eine »negative Konzentration feindlich negativer Kräfte«, die es operativ zu sichern gelte, wie es in der Diplomarbeit des Stasi-Majors Heinz Mäder zum Thema heißt.[127]

Zu den bekannten Beispielen für die Aufsässigkeit der Bausoldaten zählt ein für DDR-Verhältnisse unerhörter Vorgang nach den Kommunalwahlen 1984, als einige gegen das offensichtlich gefälschte Ergebnis protestierten. Ihnen war aufgefallen, dass allein in ihrer Baueinheit mehr Gegenstimmen abgegeben worden waren als später für den gesamten Kreis Rügen veröffentlicht wurden. Die Konsequenz: Sie durften künftig nicht mehr in ihren Kasernen wählen, sondern mussten Sonderwahllokale in ihren Heimatorten nutzen.[128]

Das Dilemma war offenkundig: Das Militär setzte auf einer strategisch bedeutsamen Baustelle Hunderte Männer ein, die dem Staat und seiner Ideologie kritisch gegenüberstanden und mit der Verweigerung des Wehrdienstes diese Haltung bekräftigt hatten. In einem Bericht der Staatssicherheit über Mukran aus dem Februar 1984 heißt es dazu: »Sonst lassen wir keine Personen in unsere Dienststellen

rein und jetzt laufen die Staatsfeinde in allen Bereichen des Objekts herum.«[129]

Entsprechend misstrauisch wurden die »Spatis« während ihres Einsatzes beäugt, ihre Überwachung erwies sich jedoch als schwierig. Der Stasi gelang es nur mit größter Mühe, Inoffizielle Mitarbeiter (IM) aus ihren Reihen als Spitzel zu gewinnen. Gesichert ist die Arbeit von mindestens drei »Inoffiziellen Mitarbeitern im besonderen Einsatz« (IME) seit 1983.[130] Sie hatten eine Spezialausbildung des Ministeriums hinter sich, sickerten in kirchliche Gruppen in den Gemeinden ein, kamen nach Prora und gaben gegenüber den Kameraden an, ebenfalls einberufen worden zu sein. Die Kommunikation mit ihren Führungsoffizieren erfolgte gelegentlich mittels Briefen, die in Geheimschrift abgefasst worden waren. Zu lesen waren nur unverfängliche Texte – erst nach einer chemischen Behandlung wurden die Informationen sichtbar, die für den Empfänger gedacht waren.[131]

Bekannt sind außerdem die Namen von sechs hauptamtlichen Mitarbeitern, die NVA-Uniformen trugen, eine militärische Ausbildung absolviert hatten und danach zur Hochschule des Ministeriums für Staatssicherheit in Potsdam gegangen waren. Die Mehrheit der IM in Prora und auf der Baustelle waren Berufssoldaten und zivile Mitarbeiter.

Der Geheimdienst konzentrierte sich außerdem darauf, den Briefverkehr zu überwachen und die Unterkünfte in Prora mit Abhörtechnik zu versehen.[132] Allerdings gehen Zeitzeugen davon aus, dass es der Stasi zu keinem Zeitpunkt gelungen sei, den Block V in Prora, in dem die Bausoldaten wohnten, komplett zu kontrollieren: Die Anlage war schlicht zu groß. Außerdem gingen viele Soldaten ohnehin davon aus, dass sie abgehört wurden, und unterhielten sich daher oft nur im Flüsterton, während das Radio lief oder jemand auf der Gitarre spielte. »Das MfS arbeitete mit dem üblichen Spektrum an Mitteln und Methoden, das trotz des begrenzten Bewegungsraums der Bausoldaten fortwährend an seine Grenzen stieß und sich als ungeeignet erwies,« erinnert sich der ehemalige Bausoldat Stephan Wolf.[133]

Der konzentrierte Einsatz der Bausoldaten führte umgekehrt zu einem Effekt, den der Staatsapparat nicht bedacht hatte: Hier trafen viele junge Männer mit ähnlicher Gesinnung aufeinander, solidarisierten sich und bildeten gut organisierte Gruppen, die zum Teil über den Wehrdienst hinaus fortbestehen sollten und beispielsweise Beratungen für künftige Wehrdienstverweigerer anboten.[134] In der NVA waren gleichsam Oppositionsgruppen entstanden.

Der Autor einer Abschlussarbeit der Hochschule des Ministeriums für Staatssicherheit beschrieb im Mai 1986 diese Entwicklung folgendermaßen: »Es kann eingeschätzt

Die Staatssicherheit beobachtete die Bauarbeiten genau. Diese geheime Aufnahme entstand beim Bau der Nordmole.

werden, daß in der Baueinheit Mukran im Verlaufe ihres Bestehens das organisierte feindlich-negative Zusammenwirken von Bausoldaten schrittweise entwickelt und gegenwärtig sowohl kompanieübergreifend als auch über den Wechsel der Diensthalbjahre hinaus vorhanden ist. Als die Angehörigen des Literaturkreises und der Philosophierstunde ihren Wehrdienst beendeten, hatten die zum Kern zählenden Bausoldaten bereits dafür gesorgt, daß sich nahtlos eine neue Gruppierung formierte.«[135]

Trotz Stasi-Überwachung und hartem Drill gelang es den Männern immer wieder, sich kleine Freiräume zu verschaffen. Sie nutzten eine 15 Quadratmeter große Kleiderkammer als Kulturraum, in dem heimlich musiziert wurde. Nachts trafen sich dort Bausoldaten, um unbeobachtet Gespräche führen zu können und zu diskutieren.[136] Musik-, Literatur- und Bastelgruppen, selbst Bibel- und Gebetskreise waren geduldet.

Viele Bausoldaten erzählen, dass sie sich wie Gefangene gefühlt hätten. »Wir sind der letzte Dreck«, berichteten zwei Männer mit den Pseudonymen Jürgen und Werner 1983 der Zeitschrift *Stern*. Der Journalist Dieter Bub hatte die Männer heimlich befragt und mehrere Wochen mit der Veröffentlichung seines Berichtes gewartet, um seine Gesprächspartner nicht zu gefährden. Sein Beitrag war einer der ersten in einem westdeutschen Medium, der sich ausführlich mit den Bausoldaten der DDR beschäftigte.[137] Trotz aller Bemühungen gelang es der Staatssicherheit nicht, diejenigen ausfindig zu machen, die geplaudert hatten. Ihren Verdacht, dass die Bausoldaten auch Einzelheiten des Hafenprojektes an die West-Presse verraten hatten, konnten die Geheimdienstler trotz umfassender Nachforschungen nicht erhärten.[138]

Die Männer hatten gegenüber dem *Stern* ausführlich ihren Tagesablauf in Prora und Mukran geschildert: Um 4.30 Uhr erfolge in der Unterkunft in Prora das Wecken. Gearbeitet werde von 6.00 bis 17.30 Uhr. Um 18.30 Uhr folge das Abendessen. Danach stehe Appell und Stubenreinigung auf dem Programm. Ab 21 Uhr werde Nachtruhe vorgeschrieben. Urlaub könnten sie nicht beantragen, allenfalls ein freies verlängertes Wochenende pro Monat.[139]

In den DDR-Medien fielen Berichte über Wehrdienstverweigerung und die Arbeit der Bausoldaten fast immer unter die Zensur. Zu den wenigen Ausnahmen gehört die Berichterstattung über einen Besuch des Verteidigungsministers Heinz Hoffmann am 11. Juli 1984 auf der Baustelle in Mukran. In der Wochenzeitung *Volksarmee* ist von »herzlichen Gesprächen« mit den Pionierbausoldaten aus Aschendorf die Rede, zu denen auch zahlreiche Bausoldaten zählten.[140] Einer von ihnen wird in dem Bericht, allen bisherigen Gepflogenheiten zum Trotz, zitiert: »Dabei berichtete beispielsweise Bausoldat Winfried Müller, dass sein 20-köpfiges Kollektiv täglich 90 Kubikmeter Erdreich in rund 300 Kübeln aus gegenwärtig neun Meter Tiefe ans Tageslicht befördert.«

Hoffmann wusste die harte Arbeit offenbar zu würdigen, denn er erwähnte Müller und seine Kollegen ausdrücklich in seinen Dankesworten. Zeitzeugen berichteten später, der damals 73 Jahre alte Hoffmann habe freundlich »wie ein Opa« mit den jungen Bausoldaten gesprochen.[141] Er habe gesagt, dass Bausoldaten nicht besser oder schlechter als andere Genossen seien.

Das *Neue Deutschland* berichtete ebenfalls über den ungewöhnlichen Besuch des Ministers, an dessen Seite auch sein Stellvertreter und späterer Nachfolger Heinz Keßler auf der Baustelle erschienen war. Das Blatt würdigte wie die *Volksarmee* die Bausoldaten in bislang unbekannter Weise: »Das besondere Interesse des Ministers galt den Leistungen des hier eingesetzten Pionierbaubataillons der NVA und den Bausoldaten, die den Werktätigen aus volkseigenen Betrieben sozialistische Hilfe leisten.« Weiter heißt es: »An der Seite der Bauarbeiter erweisen sich die Pioniere und Bausoldaten der NVA als Wegbereiter bei der Errichtung dieser Brücke der Freundschaft zum Lande Lenins und tragen dazu bei, dass beide Bruderländer noch enger zusammenrücken.« Es ist die Rede von »anregenden Gesprächen« auf der Baustelle.[142]

Vor dem Besuch Hoffmanns hatten die Bausoldaten Stefan Gehrt aus Dresden und Andreas Ilse aus Halle einen Brief an den Minister geschrieben und sich beschwert – über die harte Arbeit, fehlende Regenerationsmöglichkeiten und die schlechte Verpflegung. Die Männer waren zunächst

nicht für das Treffen mit dem Minister vorgesehen gewesen, weil die Truppenführung nur linientreue Soldaten in Hoffmanns Nähe zulassen wollte. Die Autoren des Briefes wurden jedoch auf Wunsch des hohen Gastes hinzugezogen. »Wir haben uns nicht als Gegner erlebt – das war wichtig«, erinnerte sich Gehrt 1994 in einem Interview an das 45-minütige Gespräch mit dem Minister.[143]

Selbst im Westen lobte das offizielle Ost-Berlin die Bausoldaten. Im Interview mit der Wochenzeitung *Die Zeit* berichtete 1988 der neue Verteidigungsminister Heinz Keßler von den »vorbildlichen Leistungen« der Bausoldaten in Mukran.[144] Warum ihr Einsatz nach Jahrzehnten der Tabuisierung plötzlich besonders hervorgehoben wurde, lässt sich wohl nur mit den Entspannungsbemühungen der DDR gegenüber dem Westen erklären, von dem man Ende der achtziger Jahre wirtschaftlich immer abhängiger wurde.

Für die meisten »Spatis« änderte die unerwartete Anerkennung ihrer Leistung jedoch nichts. Einige berichten sogar von noch härterem Drill als zuvor.[145] Als besonders belastend empfanden viele Bausoldaten die nächtlichen Alarmübungen, die nach dem Ministerbesuch eingeführt wurden. Andere erinnern sich hingegen an gewisse Erleichterungen, zum Beispiel die Einführung eines geregelten Ausgangs, bessere Verpflegung und freie Sonnabende für Adventisten.

Filmisch dokumentiert wurde die Arbeit der Bausoldaten nie. Lediglich in einem Schulungsfilm der Nationalen Volksarmee erkennt der Betrachter in zwei Szenen bei genauem Hinsehen das Spatenabzeichen auf den Schulterstücken junger Männer, die auf der Baustelle beschäftigt sind.[146] Aus Sicht des Militärhistorikers Matthias Rogg handelt es sich dabei mit hoher Wahrscheinlichkeit »um die einzigen Filmaufnahmen, auf denen Bausoldaten zu sehen sind«.[147] Er geht davon aus, dass die Bilder aus Unachtsamkeit nicht herausgeschnitten wurden. Alle anderen Filmaufnahmen, die es von Bausoldaten heute noch gibt, stammen aus der Zeit nach der Wende.

In der zweiten Dezemberhälfte des Jahres 1989 begann infolge des Zerfalls der staatlichen Strukturen in der DDR auch die Auflösung der Bausoldateneinheiten, ohne dass sich dafür ein genaues Datum festlegen lässt.[148] Vor diesem

4 Soldat im Dienst
VA 29/84

Mukraner Halbzeit-Rapport

Werktätige und Soldaten schreiben in enger Verbundenheit ein neues Kapitel deutsch-sowjetischer Freundschaft

Verteidigungsminister Armeegeneral Heinz Hoffmann würdigte Leistungen beim Bau des Eisenbahnfährhafens

Herzliche Gespräche führte der Verteidigungsminister an den Bauabschnitten mit Soldaten des Pionierbaubataillons Aschendorff

Generaldirektor Günter Hempelt (v. r.) und Baustellenleiter Wolfgang Fiedler (l.) erläutern den weiteren Bauablauf

Mit Rosen begrüßt wurde am 11. Juli 1984 das Mitglied des Politbüros des ZK der SED und Minister für Nationale Verteidigung, Armeegeneral Heinz Hoffmann, auf der Baustelle des künftigen Eisenbahnfährhafens Mukran/Rügen. Gemeinsam mit seinem Stellvertreter und Chef der Politischen Hauptverwaltung, Generaloberst Heinz Keßler, informierte er sich über den Stand der Arbeiten am bisher größten Integrationsobjekt zwischen der DDR und der UdSSR auf dem Gebiet des Verkehrswesens. Sein besonderes Interesse galt dabei den Leistungen der Angehörigen des Pionierbaubataillons Aschendorff, die den Werktätigen sozialistische Hilfe leisten.

Günter Hempelt, Generaldirektor des Bau- und Montagekombinates Industrie- und Hafenbau Stralsund, bilanzierte vor dem Minister die außerordentlichen Leistungen, die bislang erbracht wurden, um die Brücke der Freundschaft zwischen Mukran und Klaipeda (Litauische SSR) im Herbst 1986 planmäßig in Betrieb zu nehmen. „Ohne die tatkräftige Unterstützung der Soldaten wäre die termin- und qualitätsgerechte Realisierung der bisherigen Bauarbeiten nicht möglich gewesen", führte er aus und bedankte sich dafür im Namen der Werktätigen aus neun Kombinatsbetrieben herzlich beim Verteidigungsminister.

Der Kommandeur des Pionierbaubataillons, Oberstleutnant Peter Aschendorff, meldete dem Minister eine Planerfüllung von 116 Prozent. An zwölf Einzelprojekten hätten Baupioniere und Soldaten bisher einen Planvorsprung von 1,2 Millionen Mark erarbeitet. Das sei eine gute Ausgangsposition, um ihre Verpflichtung – zu Ehren des 35. Jahrestages drei Tagesproduktionen über den Plan zu leisten – in Ehren einzulösen. Darüber hinaus könnten die Pioniere auch auf gute Ergebnisse in der politischen und Gefechtsausbildung verweisen.

Bei der anschließenden Besichtigung führten Armeegeneral Hoffmann und Generaloberst Keßler angeregte Gespräche mit Arbeitern, Ingenieuren und Armeeangehörigen. Dabei berichtete beispielsweise Bausoldat Winfried Müller, daß sein 20köpfiges Kollektiv täglich 90 Kubikmeter Erdreich in rund 300 Kübeln aus gegenwärtig neun Metern Tiefe ans Tageslicht befördert. 16 Meter unter der Erdoberfläche werden die Caisson-(Druckluft)arbeiter an der Nord- und der Südschleuse erreichen.

Die Matrosen der Einheit Buchholz konnten ebenfalls auf ausgezeichnete Ergebnisse verweisen, auf Bauleistungen im Werte von 500 000 Mark. An ihrem Jugendobjekt, einem Versorgungsgebäude für ein Arbeiterwohnheim, so informierte der 24jährige Matrose Helmo Koch, werde nach der Devise „Jeder jeden Tag mit guter Bilanz!" gearbeitet. Die erste Ausbaustufe konnten sie mit der Qualitätsnote 1,8 fertigstellen. Außerdem haben die FDJler seit Jahresbeginn zusätzlich Arbeiten im Wert von 80 000 Mark an der Fährbrücke geleistet, berichtete Matrose Manfred Peblow, eines von zehn Parteimitgliedern in der Jugendbrigade. Das Kollektiv um Meister Hartmut Herrgott wolle den Versorgungstrakt – ebenso wie zwei weitere Objekte, an denen die Einheit arbeitet – bis zum Republikgeburtstag übergeben. Drei Monate vorfristig! Fünf Tonnen Zement, 10 000 Mauersteine und 20 Kubikmeter Beton sollen dabei eingespart werden.

Armeegeneral Heinz Hoffmann dankte den Armeeangehörigen für ihre hohe Einsatzbereitschaft und die beispielhaften Leistungen zur Stärkung und zum Schutz des sozialistischen Vaterlandes. Damit dokumentierten sie an diesem bedeutsamen volkswirtschaftlichen Vorhaben – immerhin sollen hier jährlich 5,3 Millionen Tonnen Güter umgeschlagen werden – einmal mehr die feste Verbundenheit zwischen Volk und Armee. Mit dem Bau des Fährhafens am Prorer Wiek schreiben die Arbeiter und Soldaten ein neues Kapitel deutsch-sowjetischer Freundschaft, stellte der Verteidigungsminister fest, erweisen sich die Pioniere, Matrosen und Bausoldaten an der Seite der Bauarbeiter als Wegbereiter bei der Errichtung dieser Brücke der Freundschaft zum Lande Lenins.

Manchmal auch ein bißchen Feuerwehr

Was Bauarbeiter an ihren Mitstreitern in Uniform schätzen, darüber sprach VA mit Genossen Günter Kümmel, stellvertretender Baustellendirektor

Auf der Großbaustelle ist Halbzeit. Wie haben sich die Soldaten bisher geschlagen?
Gut. Und ich bin sicher, auch in der zweiten Hälfte – bei uns geht es ja ohne Pause weiter – wird das nicht anders sein. Zu dieser Aussage ermutigen mich die Ergebnisse, die von den Genossen der NVA bis jetzt vorgelegt wurden.

An welchen Projekten arbeiten die Armeeangehörigen?
Die Soldaten sind vom ersten Tag an auf der Baustelle. Unsere gemeinsame Arbeit begann mit der Baulanderschließung, dem Anlegen von Baustraßen, dem Errichten von Unterkünften. So ist es geblieben: Die Soldaten arbeiten an allen wichtigen Bauabschnitten mit, z. B. beim Bau der Süd- und der Nordmole, letztere ragt bereits mehr als 500 Meter ins Meer, beim Absenken der Seepfeiler für die Fährbrücke, eine schwere und verantwortungsvolle Aufgabe, bei mehreren Versorgungseinrichtungen und, und, und.

Wie schätzen Sie die Zusammenarbeit mit den Bauarbeitern in Uniform ein?
Wir sind hier auf einer Großbaustelle. Da geht's nicht ohne Probleme und zuweilen auch Meinungsverschiedenheiten ab. Nur: Was unsere gemeinsame Arbeit auszeichnet, ist, daß wir alle Probleme gemeinsam anpacken und lösen. Das gilt für die Planung und den Einsatz der Soldaten und der Technik genauso wie für die praktische Ausführung der anstehenden Arbeiten. Die Arbeiter hier wissen, daß sie auf ihre Kollegen in Uniform bauen können. Und das trägt maßgeblich zu der guten Atmosphäre bei, die bei uns auf der Baustelle herrscht. Für mich ist das ein weiteres überzeugendes Beispiel für die feste Einheit von Volk und Armee.

Was schätzen Sie an den Soldaten besonders?
Manchmal sind die Soldaten die Feuerwehr der Baustelle. Doch nicht nur wenn es brenzlig wird, wenn Termine drücken, kann man sich auf sie verlassen. Jederzeit ist das so.
Mich beeindruckt ihre unermüdliche und hohe Einsatzbereitschaft, ihre bedingungslose Zuverlässigkeit und ihre beispielhafte Plantreue. Das kann man, meine ich, gar nicht hoch genug würdigen, denn neben ihrer Arbeit auf der Großbaustelle haben sie ja auch noch militärische Aufgaben zu erfüllen, die Gefechtsbereitschaft zu gewährleisten. Darin liegt das Besondere.

SCHWEDEN
Ostsee
Klaipeda
Bornholm (Dän.)
273 Seemeilen ≙ 506 km
UdSSR
Mukran
DDR
VR POLEN

Brücke der Freundschaft über die Ostsee

Eisenbahnfährlinie DDR – UdSSR

- Die Errichtung einer Eisenbahnfährverbindung von Mukran auf Rügen nach Klaipeda in der Litauischen SSR (273 Seemeilen = rund 506 km) ist das größte Integrationsvorhaben zwischen der DDR und der UdSSR auf dem Gebiet des Verkehrswesens. Jährlich sollen auf diesem Wege 5,3 Millionen Tonnen Güter umgeschlagen werden.
- Die sechs Fährschiffe werden auf der Mathias-Thesen-Werft in Wismar gebaut. Drei fahren unter sowjetischer, drei unter DDR-Flagge. Ein Schiff ist etwa 185 m lang, nimmt in zwei Etagen auf je fünf Gleisen 103 sowjetische Breitspurwaggons auf und benötigt nur ein Sechstel der Fahrzeit, die ein Zug auf dem Landwege brauchen würde. Es legt die 506 Kilometer in 20 Stunden zurück.
- Ein Teil der Waggons wird in Mukran von sowjetischer Breitspur auf Normalspur umgeachst, bei dem anderen Teil werden die Güter in Normalspurwaggons umgeladen.
- Dem Bau waren eingehende Studien vorausgegangen. So wurden bei der Schwarzmeerfährlinie Warna–Iljitschowsk die Erfahrungen der Konstrukteure und Besatzungen der Schiffe ausgewertet und daraus die Schlußfolgerungen gezogen, ein Zweideckfährschiff zu bauen, eine zweite Brücke in Betrieb zu nehmen und so die Hafenaufenthaltszeit von zwölf auf vier Stunden zu drücken. Das dadurch erzielte Verhältnis von Fahrzeit des Schiffes und Liegezeit stellt absolutes Spitzenniveau dar.

... zigtausend Kubikmeter Erdmassen mußten bewegt werden, bevor die Nordmole 500 Meter ins Meer wuchs

»Knuppi« ist Spitze

Auf der Suche nach einem, der trotz seiner 1,60 Meter mitunter als der größte bezeichnet wird – Unteroffizier Steffen Wielsch

„Den Knuppi suchst du? Nicht zu verfehlen: 500 Meter quer rüber, Mischanlage Süd", gab mir ein Bauarbeiter Auskunft. „Brauchst bloß den größten, gelben Autokran suchen. Mit dem ist Knuppi im Gange."

Vieles hatte ich schon über den Unteroffizier im 5. Diensthalbjahr gehört: Keine Uhr brauche er, denn er schaue ohnehin nicht darauf; täglich sei er von viertel fünf bis mindestens zwanzig Uhr auf Achse – erst kürzlich habe er wieder bis gegen 22.00 Uhr gewühlt, um einen Kran zu bergen, der in den Graben gerutscht war.

Als absolut zuverlässig, stets hilfsbereit und genau, wenn es um die Pflege und Wartung seines Autodrehkranes AD-20 geht, charakterisierte Major Dieter Schurig, der Chef der Technischen Kompanie, Unteroffizier Steffen Wielsch. Doch unter seinem eigentlichen Namen kenne ihn wohl kaum einer. Da er nur 1,60 m groß sei, riefen ihn alle Knuppi, und manch einer füge anerkennend hinzu, er sei der größte. Als z. B. die Seebrücke gebaut wurde – ohne die die 240 Meter lange Spundwand nicht hätte gerammt werden können, die beim Bau der Anlegekais vor Wellen und Strömung schützt – da war er ein gefragter Mann. Denn keiner beherrscht so meisterhaft wie er den 23 Tonnen schweren Autodrehkran mit zusätzlichen 20 Tonnen am Haken. Und nicht nur den, ergänzte Leutnant Uwe Klemm, der für die Technik verantwortlich zeichnet. Der Unteroffizier besitze den Paß als Hebezeugführer, beherrsche Raupen-, mobile und Autodrehkrane, verfüge über Baggerlizenzen, fahre jeden Tatra, und bei etwas Einarbeitungszeit sei er auch auf dem ADK 125 einsetzbar. Und nicht nur das! „Wir haben anhand der Tarife, der geleisteten Motorstunden und Krankilometer errechnet", fügte der Leutnant an, „daß Unteroffizier Wielsch seit dem 1. Januar 1984 einen Wert von 100 000 Mark erarbeitet hat. Das ist absolute Spitze!" Aber nicht nur bei der Arbeit, sondern auch in der Politschulung sei der Unteroffizier bester, hatte mir Major Schurig noch verraten, bevor ich mich auf die Suche nach dem großen gelben AD-20 machte.

Da war er schon. „Knuppi" machte gerade den Kranhaken – fast so groß wie er – einsatzklar. Und stellvertretend für die Bausoldaten der Kompanie Porath, die hier als Anschläger arbeiten, weihte mich Christoph Seele inzwischen ein: „Das geht ruck-zuck, wenn Knuppi im Kran sitzt, und die Betonteile sind von den Waggons. Bei ihm müssen wir ganz schön ranklotzen, um mitzuhalten!"

„Kurze Pause für ein paar Worte?", fragte ich den Einmetersechzigmann. „Wenn's sein muß", antwortete der 22jährige und gab mir Auskunft. Baumaschinist habe er in Bischofswerda gelernt, wie sein Vater. „Am Anfang hatte ich elend zu tun mit dem Gerät", erzählte mir Unteroffizier Wielsch und zeigte auf den großen gelben Kran. Jetzt aber habe er ihn „voll im Griff", wolle demnächst sogar die Klassifizierung erlangen. Er freue sich, „wenn die Kumpels auch dann sagen: Mensch Knuppi, das hast du gut gemacht!"

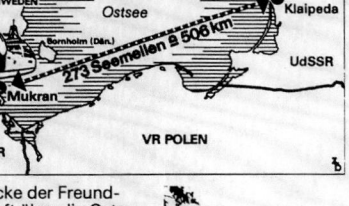

Das etwa 10 t schwere und über 20 m lange Element am Kranhaken balanciert Unteroffizier Wielsch gekonnt, schnell und millimetergenau aus

Vom Besuch des Verteidigungsministers, Armeegeneral Heinz Hoffmann, und des Chefs der Politischen Hauptverwaltung, Generaloberst Heinz Keßler, bei Arbeitern und Soldaten auf der Baustelle Eisenbahnfährhafen Mukran an der Prorer Wiek berichteten Major Manfred Vogt und Unteroffizier d. R. Thomas Schrecker (Texte) sowie Olaf Striepling (Fotos)

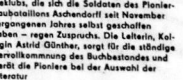

Diese niveauvolle Bibliothek erfreut sich – ebenso wie die acht sehenswerten Kompanieklubs, die sich die Soldaten des Pionierbaubataillons Aschendorff seit November vergangenen Jahres selbst geschaffen haben – regen Zuspruchs. Die Leiterin, Kollegin Astrid Günther, sorgt für die ständige Vervollkommnung des Buchbestandes und berät die Pioniere bei der Auswahl der Literatur

Am 11. Juni 1984 berichtete die Wochenzeitung »Volksarmee« ausführlich über den Besuch des Verteidigungsministers Heinz Hoffmann in Mukran und erstmalig auch über die Arbeit der Bausoldaten.

Baupioniereinheiten der Armee unterstützten in Mukran die Deutsche Reichsbahn beim Bau der Gleisanlagen.

Jugendveranstaltung im Sommer 2006 vor dem Block V, der inzwischen als Jugendherberge genutzt wird.

Hintergrund erscheint der Befehl 28/90 des DDR-Verteidigungsministers vom 6. März 1990 außerordentlich realitätsfern. Er befahl die »Auflösung der ausschließlich für den Einsatz in der Volkswirtschaft geschaffenen Struktureinheiten (Pionierbaubataillone)«. Aufgelistet sind sechs Bataillone, darunter auch das in Prora stationierte, das laut Befehl bis zum 1. Dezember 1993 (!) aufzulösen sei.[149]

Nur zwölf Tage nach Ausgabe des Befehls, am 18. März 1990, fanden in der DDR die ersten freien Wahlen statt, aus denen das CDU-geführte Wahlbündnis »Allianz für Deutschland« als klarer Sieger hervorging. Als neuer Verteidigungs- und Abrüstungsminister wurde Rainer Eppelmann vereidigt – ein ehemaliger Bausoldat.

Die schwere Arbeit und die Schikanen haben viele Männer für ihr Leben gezeichnet. Obwohl die Geschichte der Bausoldaten auch eng mit der Entstehung oppositioneller Gruppen in der DDR verbunden ist, geriet ihr Schicksal nach der Wende weitgehend in Vergessenheit. Um sich für eine Aufarbeitung der doppelten Vergangenheit Proras als

geplantes NS-Seebad und Bausoldaten-Kaserne einzusetzen, gründete eine Gruppe ehemaliger Verweigerer 2008 den Verein »Denk-MAL Prora«, der jedoch bereits 2010 seine Auflösung bekanntgab und dies mit der »selektiven und unglaubwürdigen Erinnerungskultur in Mecklenburg-Vorpommern« begründete.[150] Die Initiatoren kritisierten besonders die »Umgestaltung des Ortes Prora zur Party-, Wohn- und Wellness-Oase«[151] und dass jener Block V, in dem sie und ihre Kollegen zwischen 1982 und 1989 kaserniert waren, heute als Jugendherberge genutzt wird, ohne dass sich das Land um eine ausgewogene Erinnerungskultur bemühe. »Denk-MAL Prora« existiert auch nach Auflösung des Vereins weiter, heute als Initiative bürgerschaftlichen Engagements. Am Gebäude selbst durften die ehemaligen Bausoldaten im November 2010 eine Gedenktafel anbringen, deren Inschrift an die Bewohner von einst erinnert. Der Text verweist auf das erzwungene Gelöbnis, das jeder Einzelne von ihnen bei Dienstantritt abzulegen hatte: »Wir sollten nachsprechen ... alle 240 Mann schwiegen.«

ZEITZEUGE STEPHAN SCHACK:
DER BAUSOLDAT

»Menschenfeindlich, entwürdigend, demokratiefeindlich – Prora hat mich radikal verändert.« Stephan Schack war gerade mal 19 Jahre alt, als er im Mai 1984 zu den Bausoldaten eingezogen wurde und zum ersten Mal den Block V in Prora betrat. Ein junger Mann, der sich entschieden hatte, nie eine Waffe in die Hand zu nehmen. Für ihn gab es nur eine Alternative, als die Einberufung in die Nationale Volksarmee bevorstand: die Ableistung des Wehrdienstes als Bausoldat. Auf harte Arbeit hatte ihn die kirchliche Wehrdienstberatung halbwegs vorbereitet, auf Schikanen, Einsamkeit und den Kasernenalltag nicht. »In der Konsequenz war die Armeeerfahrung ausschlaggebend dafür, dass ich fortan in der Opposition gearbeitet habe – daran ist die DDR selbst schuld. Bis ich nach Prora kam, habe ich ein anderes Bild von diesem Land gehabt, das ich hier und da auch mitgestalten wollte«, sagt Schack rückblickend.

Der sozialistische Staat, vor allem das Schulsystem, die Kirche und ein Erlebnis während der Ausbildung bei der staatlichen paramilitärischen Gesellschaft für Sport und Technik (GST) hatten seine Jugend in Jena geprägt. Schacks Vater war evangelischer Pfarrer, »DDR-freundlich orientiert«, wie er sagt, aber auch immer am Dialog mit dem Staat interessiert, um auf diesem Wege Veränderungen bewirken zu können. »Kirche im Sozialismus bedeutete für viele in der Kirche, den Sozialismus aus christlicher Verantwortung heraus lebenswerter zu machen«, erklärt Schack.

Der Junge wurde pazifistisch, aber nicht antikommunistisch erzogen, war aktives Mitglied bei den Jungen Pionieren und der Freien Deutschen Jugend und hatte schon als 13-Jähriger an paramilitärischen Pioniermanövern teilgenommen. Mit 17 Jahren erhielt er einen der begehrten Ausbildungsplätze in einem Interhotel. Er wollte Kellner werden.

Die Lehrlinge in der DDR mussten an vormilitärischen Übungen teilnehmen, die von der GST organisiert wurden. Als die Schießausbildung auf dem Programm stand, nahm Schack zunächst wie selbstverständlich das Gewehr zur Hand, legte es aber nach dem ersten abgefeuerten Schuss wieder zur Seite. »In diesem Moment beschloss ich, nie wieder eine Waffe anzufassen«, sagt er. »Ich verweigerte die Schießausbildung.« Eine Entscheidung, die ihn die Lehrstelle im Interhotel hätte kosten können, doch er durfte bleiben.

»Sehr viel später habe ich erfahren, dass es einzelne Menschen in meinem Umfeld gab, die Verantwortung für meine Ausbildung hatten, die meine Entscheidung geachtet und mich vor Konsequenzen geschützt haben.« Auch auf die Ankündigung bei der Musterung, aus religiösen Gründen den Wehrdienst an der Waffe verweigern und Theologie studieren zu wollen, reagierte der Staat nicht, wie oftmals üblich, mit Drangsalierungen. »Ich wurde nicht einmal zusammengebrüllt. Als Pfarrerssohn war ich vermutlich an dieser Stelle privilegiert«, meint Schack. Eine Totalverweigerung hatte er nicht erwogen: »Ich hatte Angst vor dem Knast.«

Schack war in Prora der Jüngste in seiner Kompanie, die aus 90 Bausoldaten bestand und die von nun an für 18 Monate sein komplettes Leben bestimmen sollte. Katastrophale hygienische Bedingungen, miserable Verpflegung, Drill und harte Arbeit auf der Baustelle Mukran – junge Männer wie er wurden aus ihren Elternhäusern in eine Welt katapultiert, deren Härten und Zwänge sie bis an die Belastungsgrenze forderten. »Viele sind an dieser Erfahrung zerbrochen, mit jahrelangen Traumata als Folgen«, sagt Schack.

Der Wehrdienst in Prora begann mit einer zehntägigen militärischen Grundausbildung ohne Waffen- und Gefechtsübungen. Dann ging es zum ersten Mal per Lastwagen ins wenige Kilometer entfernte Mukran. »Eine unglaubliche Dreck- und Schlammwüste war das damals«, erinnert sich Schack. Das gewaltige Gelände war noch kaum mit Straßen erschlossen. Tausende Arbeiter waren im Einsatz.

Schack hatte in Mukran unterschiedliche Jobs: Küchenhelfer, Schachtarbeiter, Materialverwalter. Die berüchtigten Arbeiten in den Caissons (Senkkästen) unter Wasser oder bei der gefährlichen Verladung großer Betonbauteile blieben ihm erspart.

Der Tag begann um 4.30 Uhr mit Wecken, um 5.30 Uhr gab es Frühstück. Um 6 Uhr fuhren die Lastwagen mit den Bausoldaten von Prora nach Mukran. Gegen 17 Uhr kehrten sie zurück. Die Sanitäranlagen in Prora waren miserabel ausgestattet: 30 Männer mussten mit zehn Waschbecken auskommen. Warmes Wasser gab es lediglich an einem Hahn pro Waschraum.

Schack: »Einige Männer hatten sich Schläuche besorgt, deren Einsatz als Duschschlauch bei Strafe verboten war.« Trotzdem wurden sie benutzt. Vor dem befohlenen Gemeinschaftsduschen in einem großen Raum, an dem die ganze Kompanie mit bis zu 90 Männern teilnehmen musste, versuchten sich viele zu drücken. Nach dem Duschen marschierte die Kompanie zum Abendessen. An vielen Tagen gestand die NVA den Männern nur 30 Minuten Freizeit zu. Um 21 Uhr wurde die Nachtruhe befohlen. Mehr Freiraum genossen die Bausoldaten nur, wenn Kasernendienst statt Baustellenarbeit auf dem Tagesprogramm stand.

Ausgang war zu Beginn von Schacks Dienstzeit nicht erlaubt. Später, nach dem Besuch von Verteidigungsminister Hoffmann im Juli 1984, gestatteten die Offiziere einen Ausgang pro Woche und monatlich einen verlängerten Wochenendurlaub. »Wichtig war, dass wir für jeden Tag, den wir hinter uns hatten, einen Strich im Kalender machen konnten«, berichtet Schack. Der enge Briefkontakt mit Freunden

und der Familie, die Lektüre zahlloser Bücher und die Kontakte zu anderen Bausoldaten haben ihm die Kraft gegeben, den Dienst durchzustehen. »Das waren Maßnahmen, um zu überleben.«

Die Soldaten waren zu sechst in einem kleinen Raum untergebracht, der mit drei Doppelstockbetten, sechs Spinden, einem Tisch und sechs Hockern eingerichtet war. »Damit war das Zimmer voll.« Erlaubt waren pro Zimmer ein privates Bild an der Wand, ein Radio und eine Topfpflanze. Die Spinde wurden täglich kontrolliert.

Es herrschten Enge und auch Misstrauen. »Wir haben uns gefragt: Wer gehört zu denen?« Die Bausoldaten waren sich sicher, dass sie von der Staatssicherheit überwacht wurden. Doch wer von »denen« tatsächlich in der Uniform eines Kameraden steckte, wusste niemand. Die Männer ahnten, dass einige Räume verwanzt waren. Nach der Friedlichen Revolution im Herbst 1989 erfuhr Schack aus den Unterlagen der Stasi-Unterlagenbehörde, dass der Geheimdienst eine »Operative Personenkontrolle« (OPK) mit dem Ziel eingeleitet hatte, Hinweise auf Straftaten und seine »feindlich-negative Haltung« zu gewinnen. Der junge Bausoldat aus Jena trug in den Akten den Decknamen »Wühlmaus«.

Trotz des Verdachts, dass sie überwacht würden, trafen sich kritische Bausoldaten zu geheimen Diskussionen in den kleinen Kammern des Blocks. Schack: »Wir haben über die Weltpolitik diskutiert und über die Situation in Prora.« Zum Kern der Gruppe zählt er sechs bis acht Bausoldaten, zum Umfeld bis zu 20.

Heimlich schrieben die Männer Texte, die im September 1984 als offene Briefe bei einem Treffen »20 Jahre Bausoldaten« und im November zur traditionellen zehntägigen Friedensdekade der Kirchen verlesen wurden. Darin wandten sie sich vor allem gegen die zunehmende Militarisierung

Bausoldaten errichten
rund um das Hafen-
gelände von Mukran
im Herbst 1986 einen
Sicherheitszaun.

der Gesellschaft. Die Texte hatten sie aus Angst vor Repressalien nicht mit ihren Namen, sondern als »eine Gruppe Proraer Bausoldaten« unterschrieben. Erst zum Ende der Dienstzeit schickten sie Eingaben an mehrere evangelische Synoden, die sie mit vollem Namen unterzeichneten. »Im Rückblick und im Wissen, wie sehr die Stasi uns unter Kontrolle hatte, bin ich überrascht, dass das alles so ging – die Treffen, die Briefe«, meint Schack heute.

Dass der Staat nicht, wie befürchtet, autoritär reagierte, ermutigte die Bausoldaten zu weiteren Aktionen: Zwei von ihnen schrieben – wie bereits berichtet – einen Brief an Verteidigungsminister Heinz Hoffmann und beklagten sich über die Lebens- und Arbeitsbedingungen in Prora und Mukran. Ein Jahr nach Hoffmanns Besuch in Mukran schrieb auch Schack einen Brief ans Ministerium, in dem er eine durchwachsene Bilanz des Ministerbesuches und der Anordnungen Hoffmanns zog – ein unerhörter Schritt eines Verweigerers in der strengen militärischen Hierarchie der NVA, der erneut ohne Reaktion blieb und den jungen Schack bestärkte, sich auch nach dem Wehrdienst politisch zu engagieren.

Im Oktober 1985 wurde Schack aus der NVA entlassen, kehrte in seinen Beruf als Kellner zurück und arbeitete ehrenamtlich in der Wehrdienstverweigererberatung. Sein Ziel: Künftig sollten keine Spatensoldaten mehr so unvorbereitet wie er in Mukran oder auf anderen Baustellen ankommen. Schack und seine Mitstreiter boten DDR-weit Seminare an und waren sich stets bewusst, dass die Staatssicherheit sie penibel beobachtete. Seine Arbeit in der kirchlichen »Wehrdienstberatung« mündete im Herbst 1989 in die Gründung des Neuen Forums im ostthüringischen Bezirk Gera. »Ich wollte die DDR nie verlassen, ich wollte sie verändern.«

Stephan Schack lebt heute in Naumburg an der Saale, hat drei Kinder und arbeitet als selbständiger Trainer und Berater für Demokratiepädagogik, interkulturelle Verständigung und Partizipation. Außerdem gehört er dem wissenschaftlichen Beirat des Vereins Prora-Zentrum an, der künftig eine Bildungsstätte in der im Block V eröffneten Jugendherberge betreiben soll. »Früher haben wir Schwerter zu Pflugscharen gefordert, warum nicht auch Kasernen zu Jugendherbergen?«, so Schack.

Blickt Stephan Schack auf seinen Wehrdienst in Prora und Mukran zurück, fällt seine Bilanz zwiespältig aus. Schack: »Es ist die schlimmste Zeit meines Lebens gewesen, und damals habe ich mir vorgenommen: Sollte ich jemals einen Sohn haben, soll ihm das erspart bleiben. Heute, da mein Sohn gerade so alt ist wie ich, als ich nach Prora kam, kann ich sagen: Ich habe mein Ziel erreicht. Und daran mitzuarbeiten, dass ein Ort, an dem über Jahrzehnte die Demokratie mit Armeestiefeln getreten wurde, nun zu einem Lernort für Demokratie werden kann, empfinde ich als eine große Herausforderung und tue das sehr gern.« Dass sich das menschenverachtende System der NVA nicht habe durchsetzen können, empfindet Stephan Schack als große Genugtuung. Es sei auch der Verdienst der Bausoldaten, die sich in Prora und Mukran für die Freiheit eingesetzt haben.

DIE GRÖSSTEN
EISENBAHNFÄHREN DER WELT

Bau des Fährschiffes »Mukran« auf der Mathias-Thesen-Werft in Wismar. Für diese größten jemals in der DDR gebauten Schiffe wurde hier eigens eine neue Helling errichtet.

Technische Daten der Ostseefähren

Länge über alles	190,50 m	Aktionsweite	2200 sm (4074 km)
Länge zwischen den Loten	173,00 m	Tragfähigkeit bei Tiefgang = 7,20 m	11 700 tdw
Breite auf Spanten	26,00 m	Geschwindigkeit bei einem Tiefgang	
Breite auf Außenkante-Scheuerleiste Hauptdeck	26,76 m	von $T_{OKK\ (Oberkante\ Kiel)}$ = 6,80 m, 90 % Maschinen	
Breite über alles – Oberdeck	28,00 m	Leistung und Wellengeneratorantrieb	16,50 kn
Seitenhöhe bis Oberdeck	15,20 m	ohne Wellengeneratorantrieb unter sonst gleichen Bedingungen	
Seitenhöhe bis Hauptdeck	9 m	beträgt die Geschwindigkeit	17,00 kn
Tiefgang im Spezifikationsladefall (103 Waggons à 70 t)	6,80 m		

Die Planungen für den Einsatz der neuen Fähren stellten die Konstrukteure vor große Herausforderungen. Der Transport der Eisenbahnwaggons auf den Schiffen sollte sicher und vor allem schnell erfolgen. Vier Stunden Liegezeit in einem Hafen für das Be- und Entladen – das war das ehrgeizige Ziel. Der VEB Mathias-Thesen-Werft (MTW) in Wismar erhielt den Auftrag für alle sechs Schiffe der Linie. Für den Bau jener Fähren, die später unter sowjetischer Flagge unterwegs sein sollten, hatten sich auch andere Werften interessiert. Der UdSSR, die selbst keine Produktionskapazitäten frei hatte,[152] lagen Angebote aus Jugoslawien sowie der westdeutschen Flender-Werft vor.[153] Die Konzepte ähnelten sich auffällig: »Die Analyse der Konkurrenzdokumentation ergab eine verblüffende Ähnlichkeit mit der DDR-Fähre«, meldete im Januar 1986 ein DDR-Geheimdienstler aus Moskau.[154] Dass Wismar den Zuschlag für den Großauftrag erhielt, hatte mehrere Gründe: Die Werft hatte in den siebziger Jahren bereits mehrere Kreuzfahrtschiffe an die Sowjetunion geliefert und daher Erfahrung mit dem Bau von großen Fahrzeugen. Die technischen Anlagen waren vorhanden, lediglich eine neue Helling musste noch gebaut werden. Die Volkswerft in Stralsund beispielsweise wäre zu klein gewesen und war außerdem mit dem Bau von Fischereibooten weitgehend ausgelastet. Auch in den Rostocker Werften waren die Kapazitäten knapp.

Die Schiffe, die die MTW zwischen 1986 und 1989 auslieferte, waren weitgehend baugleich und mit rund 190 Metern Länge und 28 Metern Breite die größten, die je in der DDR gebaut wurden. Dass selbst die Schiffstechnik den internationalen Vergleich trotz der chronischen Versorgungsmängel in diesem Sektor nicht scheuen musste, hatte in erster Linie politische Gründe: »Das Projekt hatte höchste Priorität«, erinnert sich der damalige Chefprojektant Fred Cravaack, »da der Bau der Schiffe auf einen Beschluss des Politbüros zurückging.« Die Beschaffung des Materials für die Mukran-Fähren sei daher – im Gegensatz zu vielen anderen Projekten – völlig problemlos verlaufen.

Als erste Fähre lieferte die Werft nach mehreren Probe-

Das erste Modell der neuen Fähren trug noch keinen Namen. Die »Greifswald« (rechts) war das zweite Schiff der DDR, das auf der Linie in Dienst gestellt wurde.

fahrten und Reisen nach Klaipeda am 27. August 1986 die »Mukran« ab. Die »Klaipeda«, die »Kaunas«, die »Vilnius« und die »Greifswald« folgten in den Jahren darauf. Die »Mukran« und die »Greifswald« fuhren unter DDR-Flagge, am Heck der »Klaipeda«, »Kaunas« und »Vilnius« wehte die Fahne der UdSSR. Nummer sechs, die »Wismar«, wurde nicht mehr gebaut. Der Betrieb könne mit fünf Schiffen bewältigt werden, entschieden im Juni 1988 die Mitglieder des SED-Politbüros und anschließend der Ministerrat der DDR. Die »Wismar« wäre nicht ausgelastet gewesen.[155] Ihr Bau hätte ohnehin die angeschlagene DDR-Wirtschaft überfordert: Zusätzliche Investitionen von 400 Millionen Mark für das Schiff und den weiteren Ausbau von Mukran wären notwendig gewesen, so hatte es das Verkehrsministerium errechnet. Ursprünglich sollen die Pläne für die Fährverbindung sogar noch größer gewesen sein: Zeitzeugen berichten von einer geplanten siebten Fähre, die als Ersatz hätte dienen sollen, wenn die sechs bereits tätigen Schiffe vollständig ausgelastet gewesen wären oder ein Schwesterschiff ausgefallen wäre. Die Idee wurde jedoch verworfen – die Projektplaner seien sich einig gewesen wären, dass das vorgesehene Güteraufkommen auch dann zu bewältigen gewesen wäre, wenn eine der Fähren in die Werft gemusst hätte.

Mit dem Auftrag zum Bau von Fährschiffen, die ausschließlich Eisenbahnwaggons transportieren sollten, war bereits in der frühen Planungsphase ein Sonderwunsch der Sowjetunion vom Tisch. Die UdSSR hatte gefordert, auf den Schiffen auch Räume für den Transport von Lkw-Trailern zu schaffen. Die DDR lehnte mit Blick auf die hohen zusätzli-chen Kosten jedoch ab. Drei Millionen Mark hätte dieser Plan zusätzlich pro Fähre gekostet. Sieben Millionen wären im Hafen dazugekommen.[156] Auch der Vorschlag, die Schienen in den Boden einzulassen und die Schiffe auf diese Weise zugleich für Straßenfahrzeuge befahrbar zu machen, sei wegen der hohen Zusatzkosten verworfen worden.

Die Schiffsplaner hatten sich für eine bis dahin weltweit einmalige Doppelstockfährenkonstruktion entschieden. Auf zwei Decks konnten insgesamt 103 Breitspurwagen von je 84 Tonnen transportiert werden. Mit der Verwendung von Breitspurgleisen anstelle der Normalspur lag die Auslastung der Schiffe um 35 Prozent höher.[157] Das Prinzip dieser Doppelstockfähren war patentrechtlich geschützt und galt seinerzeit als ingenieurtechnische Spitzenleistung.[158] 1987 wurde dieser Schiffstyp auf der Leipziger Messe mit der Goldmedaille ausgezeichnet.[159]

Zwei Bug- und Heckstrahlruder sorgten für eine außergewöhnliche Wendigkeit.[160] Der hintere Teil des offenen Oberdecks war für Wagen mit gefährlichen oder explosiven Stoffen vorgesehen. Elf Querschotts teilten das Schiff in zwölf wasserdichte Abschnitte ein.[161]

Die Be- und Entladung erfolgte zeitgleich mit jeweils zwei Zügen – einer backbord, einer steuerbord –, um die Stabilität nicht zu gefährden.[162] Beim Entladen zogen zwei Dieselloks zunächst die 54 Wagen über eine bewegliche Laderampe vom Oberdeck. Danach wurde die Rampe nach oben geneigt. Erst dann stand unten genug Platz zur Verfügung, und die Entladung der 49 Wagen vom Hauptdeck konnte beginnen.

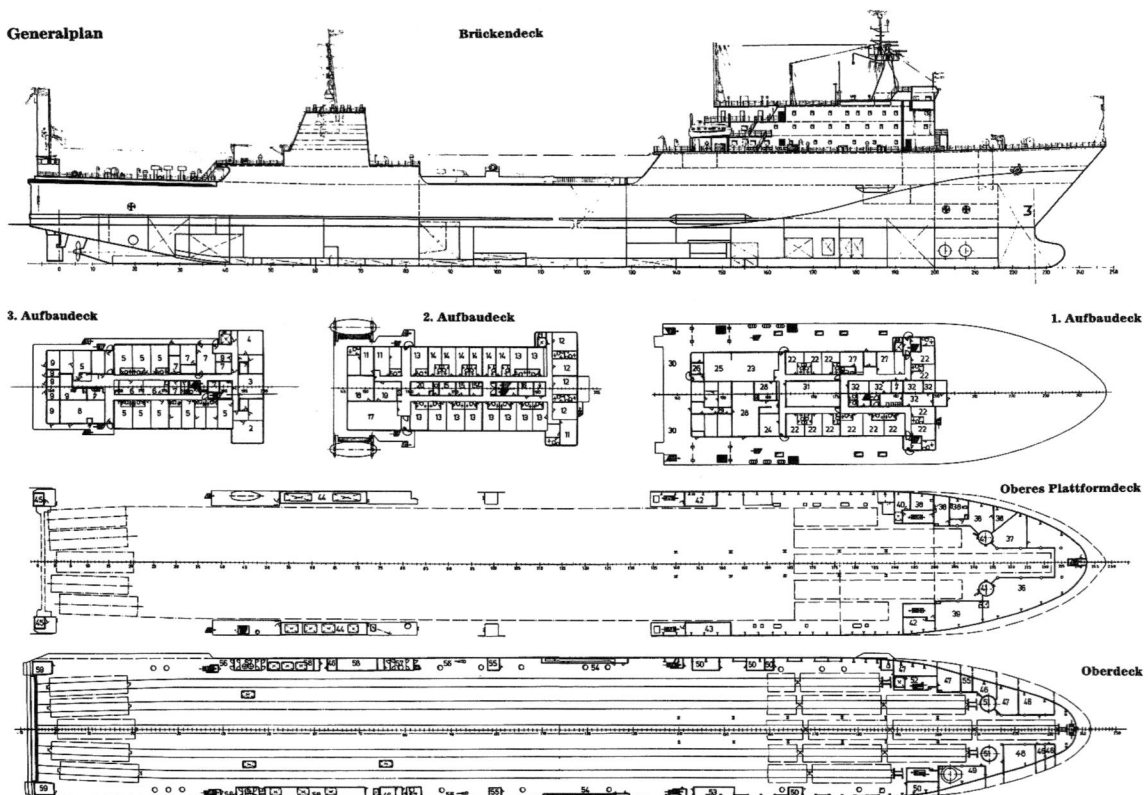

Generalplan   Brückendeck

3. Aufbaudeck   2. Aufbaudeck   1. Aufbaudeck

Oberes Plattformdeck

Oberdeck

Die Konstruktionspläne zeigen detailliert den komplizierten Aufbau der Decks der Eisenbahnfähren, den Verlauf der Gleise und die Anordnung der Kabinen.

Sobald die Fracht dort verschwunden war, ging es mit der Beladung weiter: erst unten, dann oben. Die Züge wurden mit 824 Ketten und 412 Stützböcken gesichert, die verhindern sollten, dass sich die Waggons bei Seegang aufschaukelten oder in eine gefährliche Schieflage gerieten.[163]

Beim Löschen und Laden musste vorsichtig agiert werden. Die Wagen durften sich nur mit einer Geschwindigkeit von einem Meter pro Sekunde bewegen, was 3,6 km/h entspricht.[164] Wegen der großen Lasten konnten die Fähren leicht in Schieflage (Krängung) geraten, besonders bei Seegang und stürmischem Wetter. Registrierten die Messgeräte einen kritischen Krängungswinkel von mehr als drei Grad, sorgte eine eigens entwickelte Krängungsausgleichsanlage für eine Stabilisierung der Schiffe.[165]

Der Knickwinkel zwischen dem Ladedeck des Schiffes und der beweglichen Rampe an Land durfte maximal zwei Grad betragen.[166] Bei Tests auf einer Versuchsanlage der Deutschen Reichsbahn hatten die Konstrukteure der Werft festgestellt, dass sich die Kupplungen der russischen Breitspur bei einem größeren Winkel leicht lösten – die Wagen wären ins Rollen und außer Kontrolle geraten. »Das wäre ein Desaster gewesen«, sagt Fred Cravaack, »der Neigungswinkel war unser größtes Problem.« An der Pier sorgten riesige Fender (Puffer) dafür, dass sich das Schiff beim Laden und Löschen nicht zur Seite neigte. Alle Fähren waren so ausgerüstet, dass sie Güter der höchsten Gefahrgutklasse befördern konnten.

Betankt wurden die Schiffe in Klaipeda. Die Sowjets verpflichteten sich außerdem, auf ihren Werften die Wartun-

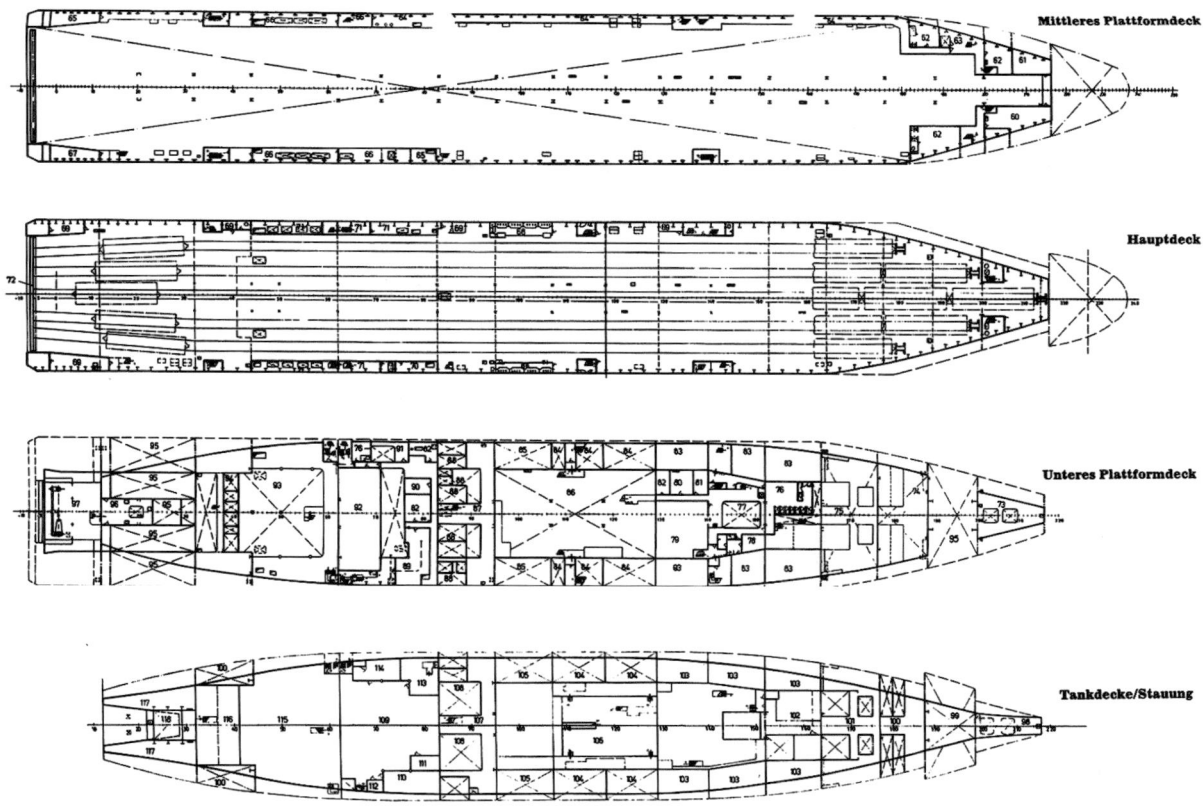

Mittleres Plattformdeck

Hauptdeck

Unteres Plattformdeck

Tankdecke/Stauung

gen der Schiffe zu übernehmen.[167] Für die Technik der Ver- und Entsorgungseinrichtungen hatte die Werft Patente angemeldet. Die Schiffe waren mit eigenen Trinkwasseraufbereitungs- und Müllverbrennungsanlagen ausgerüstet.[168] »Schon damals mussten wir die Belange der Umwelt berücksichtigen«, sagt Cravaack. »Es durfte nichts in die Ostsee abgelassen werden.«

Mit ihrer damals vollkommen neuartigen Konstruktion hatten sich die Ingenieure in Wismar gegen das Konzept der vier Eisenbahnfähren entschieden, die seit dem 13. November 1978 auf dem Schwarzen Meer zwischen der UdSSR (Iljitschowsk bei Odessa) und Bulgarien (Varna) verkehrten. Bevor das Hafenbauprojekt Mukran abgesegnet worden war, hatten der stellvertretende DDR-Verkehrsminister Heinz Rentner und eine Delegation von Experten, zu denen

auch Fred Cravaack gehörte, die Schwarzmeerschiffe besucht und waren dort zu dem Ergebnis gekommen, dass die Verbindung Iljitschowsk – Varna nur bedingt ein Vorbild für den Verkehr zwischen der DDR und der UdSSR sein konnte.

Der Grund für die Skepsis der Experten lag vor allem bei der aufwendigen und störanfälligen Konstruktion der Schiffe: Auf den damals größten Eisenbahnfähren der Welt wurden die Wagen zeitraubend mit Fahrstühlen von einem der drei Decks zu einem anderen transportiert. Als technisches Vorbild hatten Railship-I-Schiffe gedient, die in den siebziger Jahren zwischen Lübeck-Travemünde und Hanko in Finnland unterwegs waren.[169]

Zehn Stunden dauerte der Ladevorgang auf den für 9610 Bruttoregistertonnen ausgelegten Schwarzmeerfähren – ein reibungsloses Funktionieren des gewaltigen, aus

Diese Aufnahme
der Staatssicherheit zeigt,
wie zwei Breitspurrangier-
loks die Güterwagen
zeitgleich auf das Ober-
deck der Fähren schieben.

dem Westen gelieferten Fahrstuhles vorausgesetzt. Die Umlaufzeit der vier Fähren betrug zunächst 72, später 60 Stunden und war damit deutlich länger als im Konzept Mukran – Klaipeda vorgesehen.[170]

Zeitweise waren die Schwarzmeerfähren wegen der Liftprobleme nur zu 50 Prozent ausgelastet.[171] 1979 lag die Transportleistung bei zwei Millionen Tonnen, 1983 waren es 3,4 Millionen.[172] Organisatorische Eigenheiten bei der Anmeldung der Schiffe in den Häfen sorgten für weitere Probleme. So wurden beispielsweise Pass- und Zollformalitäten zeitraubend erst an Bord abgewickelt. Dafür musste sich die Crew vollständig versammeln, während das Schiff stundenlang nach Personen durchsucht wurde, die sich möglicherweise versteckt hatten.[173] Ein Vorgang, der bis zu sechs Stunden dauern konnte. Üblicherweise werden in den Häfen die Personen kontrolliert, wenn sie das Schiff betreten oder verlassen.

In einigen Punkten sind die Ähnlichkeiten zwischen den Fähren auf der Linie Mukran – Klaipeda und Iljitschowsk – Varna jedoch nicht zu übersehen. Dort waren die Dreideckschiffe für 108 Breitspur-Eisenbahnwaggons ausgelegt, auf der Ostsee waren es 103. Mit 185,40 Metern waren auch die Längen nahezu gleich. Außerdem hatten die Schiffe fast identische Distanzen zu bewältigen: Der Seeweg auf dem Schwarzen Meer betrug 250 Seemeilen bei einer Fahrzeit von etwa 17 Stunden. 20 Stunden waren es auf der Ostsee bei einer Entfernung von 273 Seemeilen.

Dass es auch technisch einige Übereinstimmungen gab, gehörte zum Konzept. »Unsere Schiffe sollten auch die Schwarzmeer-Linie bedienen können«, berichtet »Mukran«-Kapitän Gerhard Thiemann. Allerdings wären Transporte mit den Ostseefähren wegen der abweichenden Be- und Entlademöglichkeiten in Varna und Odessa nur auf einem Deck realisierbar gewesen.

Die UdSSR stellte auf dem Schwarzen Meer die auf der Werft Uljanik im jugoslawischen Pula gebauten Fähren »Geroi Shipki« und »Geroi Plevny«. Bulgarien schickte die in Norwegen hergestellten und 19 Knoten schnellen Schiffe »Geroite na Odessa« und »Geroite na Sewastopol« auf die Fährlinie. Die Schiffsnamen in den jeweiligen Landessprachen sind zusammengesetzt aus dem Wort »Helden« und den Orten berühmter Schlachten. Auch auf dieser Strecke mussten die Eisenbahnwagen von Breit- auf Normalspur umgerüstet werden. Auf den Schiffen standen 45 Einzelkabinen für die Besatzung bereit, sechs Doppelkabinen waren für Passagiere vorgesehen.[174]

Auch bei der Planung der Schwarzmeerlinie hatten – wie bei der Ostseeverbindung – strategische Überlegungen und die Umfahrung eines vermeintlich unzuverlässigen Partners eine große Rolle gespielt: Die Schiffe fuhren auf dem Weg von der Sowjetunion bis nach Bulgarien am großen Hafen von Constanza in Rumänien vorbei. Das Land des Diktators Nicolae Ceauşescu galt im kommunistischen Lager als schwer berechenbar und gehörte damit wie Polen zu den Partnern, die in Moskau misstrauisch beobachtet wurden. Westliche Experten vermuteten daher, dass die Einrichtung der Schwarzmeerverbindung vor allem militärische Gründe gehabt habe.[175]

Das Konzept für die Schiffe der Fährlinie Mukran – Klaipeda und die Eignung der Schiffe für militärische Transporte waren westdeutschen Militärs schon früh bekannt. Bereits 1983 konnte die in Westdeutschland erscheinende Fachzeitschrift *Europäische Wehrkunde* präzise über Größe, Leistung und Fahrzeiten berichten: Bei der Konstruktion handele es sich um »große Allzweckschiffe mit zwei Eisenbahndecks, die jeweils 103 vierachsige Güterwaggons aufnehmen. Dazu das Begleitpersonal und, falls erforderlich, auch einige hundert Soldaten mit ihrem schweren Gerät«, heißt es in dem Bericht. Die Schiffe »mit Eisklasse« seien zudem »besonders stabil«.[176] Bekannt war zu diesem Zeitpunkt ebenfalls, dass die Fähren auch für den Transport von Truppen und Militärtechnik ausgerüstet waren.

Offiziell hatten sich die DDR und die UdSSR erst im April 1984 darauf geeinigt, die Fähren auch für Militärtransporte zu nutzen.[177] Der zusätzliche Aufwand für die Truppeneinrichtungen an Bord sei minimal, hieß es in einer Vorlage von Verkehrsminister Otto Arndt für das SED-Politbüro. Da die Schiffe nur 20 Stunden unterwegs sein sollten, reichte eine spartanische Ausstattung. In einem belüfteten Laderaum unter der Wasserlinie zwischen den Spanten 95 bis 152 wurden die Soldaten untergebracht und während der Überfahrt mit kalter Verpflegung versorgt.[178] Die Installation von zehn Toiletten, vier Handwaschrinnen und einer Pissoirrinne fiel bei den Investitionen nicht sonderlich ins Gewicht. »Bei der Konstruktion waren diese Räume nicht speziell vorgesehen«, sagt der Chefprojektant der Schiffe, Fred Cravaack, heute. »Unter Deck war aber genügend Platz vorhanden. Diese Planungen haben sich die Militärs vorbehalten.«

Bei den ersten Fahrten mit Truppen an Bord hatte die NVA noch Campingliegen aufgestellt, die jedoch bei Seegang gefährlich ins Rutschen geraten konnten und außerdem zu viel Platz benötigten. Das Schiff bot bei dieser Variante nur Raum für 200 Soldaten, 300 sollten es jedoch sein. Später wurden in dem geheimen Raum fixierte Fünferliegen und Doppelstockliegen angebracht.[179] Der Transportleiter der NVA und ein Offizier des Schiffes hatten die Männer über die militärischen und nautischen Sicherheitsvorschriften an Bord zu belehren, bevor eine Überfahrt begann. Erst wenn die Soldaten in einem »Belehrungsbuch« unterschrieben hatten, dass sie in die Regeln eingewiesen worden waren, durfte das Schiff ablegen.

Zeitzeugen berichten immer wieder von Gerüchten und Spekulationen, dass ursprünglich bis zu 600 Soldaten auf den Schiffen transportiert werden sollten, ehemalige Crewmitglieder halten diese Zahl jedoch für unrealistisch. Bereits bei einer Belegung mit 300 Personen mussten die Männer in Schichten schlafen. Die NVA war bei ihren Transporten im Durchschnitt sogar nur mit 60 Soldaten unterwegs. An Bord achteten Politoffiziere streng auf die Einhaltung der Geheimnisschutzvorschriften.[180]

Während der gesamten Überfahrt hatten die Mannschaften unter Deck zu bleiben. Nur die Offiziere durften die dunklen Räume verlassen. »Es war ein komisches Gefühl sich vorzustellen, dass in einer Höhe von circa drei Metern die Wasserlinie ist«, erinnert sich heute Thomas Hahn, der 1989 als 26 Jahre alter Führungszugführer einer Flugabwehr-Raketenbatterie auf der Ostsee unterwegs war. »Und dann fällt einem ein, dass immer noch Tausende Minen und Bomben und Granaten aus dem Zweiten Weltkrieg da draußen liegen. Der einzige Weg nach oben geht über die Niedergänge – für ein paar hundert Mann.«

Das Schiffspersonal war komfortabler untergebracht: Den jeweils 42 Besatzungsmitgliedern standen Ein-Mann-Kabinen zur Verfügung. Für Gäste waren sechs Doppelkabinen vorgesehen.[181] Im Zweiwochen-Rhythmus wechselte die Crew. Ihr bot das Schiff sogar einen gewissen Luxus, wie die DDR-Fachzeitschrift *Seewirtschaft* 1987 berichtete:

Das kleine Schwimmbad an Bord war der Besatzung vorbehalten; Aufnahme aus dem Jahr 2009.

Insgesamt fünf Breitspurgleise waren auf dem unteren Ladedeck für Güterwagen vorgesehen.

»Ein Innenschwimmbad mit Sauna, Sportraum, Hobbyraum und Fotolabor bieten der Besatzung Möglichkeiten der Entspannung und Erholung.«[182] Da der Besatzung für Landgänge kaum Zeit blieb, sollte ihr der Aufenthalt an Bord möglichst angenehm gestaltet werden.

Die Auswahl der Besatzung erfolgte »auf der Grundlage festgelegter kaderpolitischer Grundsätze«.[183] Weil die Schiffe als strategisch bedeutsam galten, durfte hier nur arbeiten, wer als politisch zuverlässig galt. Zur ersten, damals noch 46-köpfigen Besatzung der »Mukran« gehörten 19 Mitglieder der Staatspartei SED und 21 der Freien Deutschen Jugend der DDR. Auch bei der zweiten Crew war der geforderte Organisationsgrad von 26 Prozent SED-Mitgliedern an Bord erfüllt.

Für sie und die anderen Passagiere stand an Bord eine umfangreiche Rettungsausrüstung zur Verfügung, die jedoch nicht ausgereicht hätte, wenn der geheime Transportraum unter Deck voll belegt gewesen wäre. Auf dem zweiten Aufbaudeck befanden sich zwei geschlossene Motorrettungsboote für je 54 Personen. Hinzu kamen auf dem ersten Aufbaudeck an jeder Bordseite drei Rettungsflöße für je 20 Personen, ein weiteres Floß für acht Personen sowie Schwimmwesten und Rettungsringe.[184]

Abgewickelt wurde der Fährverkehr auf deutscher Seite vom Volkseigenen Betrieb Deutfracht/Seereederei Rostock (DSR) und auf sowjetischer Seite von der Litauischen Seereederei Klaipeda.[185]

Am 27. August 1986 wurde mit der »Mukran« das erste der fünf Schiffe offiziell in Betrieb genommen, die Jungfernfahrt verlief reibungslos. Bei einer der Probefahrten der nagelneuen »Mukran« war es noch am 16. April 1986 zu einer Havarie gekommen, die einen Schaden von 750 000 DDR-Mark zur Folge hatte.[186] Die Maschine hatte die festgelegte Höchstdrehzahl überschritten. Eine Verkettung mehrerer Fehler soll zu dem Unfall geführt haben: Der Drehzahlregler der amerikanischen Firma Woodward war nicht eingestellt worden und der mechanische Überdrehzahlschutz des VEB Maschinenbau Halberstadt funktionierte nicht. Selbst die Notstoppeinrichtung hatte im entscheidenden Moment versagt.

Vom regelmäßigen Liniendienst nach Klaipeda ist nur noch ein Schiff übrig geblieben. Die einstige »Vilnius«, heute »Vilnius Seaways«, fährt weiterhin Eisenbahnwaggons nach Klaipeda, kann aber auch Lastwagen übers Meer bringen. Treffen Güterwagen in Mukran ein, kommen die einzigen deutschen Breitspurloks zum Einsatz.

Ihre vier Schwesterschiffe werden auf anderen Linien eingesetzt. Die »Kaunas« pendelt unter litauischer Flagge zwischen Kiel und Ust Luga bei Sankt Petersburg. Die »Klaipeda« wurde 2006 in »Celtic Mist« umbenannt, hieß von 2007 bis 2010 »Saronic Star« und verkehrte dann unter dem Namen »Tulip«. Seit 2011 heißt das Schiff »Ruzgar« und verbindet das italienische Bari mit der Insel Korfu und dem Hafen von Igoumenitsa in Griechenland.[187] Es ist eine Ironie der Geschichte, dass zwei der ehemaligen DDR-Schiffe ihren ersten Kriegseinsatz unter der Regie der Bundeswehr absolvierten: Die »Petersburg«, ehemals »Mukran«, transportierte 1996 militärisches Material für die Truppen im Kosovo und verkehrt heute zwischen den russischen Häfen Ust Luga und Baltijsk (früher Pillau) im Kaliningrader Gebiet.[188] Die »Greifswald« fuhr später Transporte für die Bundeswehr und die britische Armee in Richtung Balkan, heute verbindet sie im Liniendienst Iljitschowsk in der Ukraine mit Poti in Georgien am Schwarzen Meer.[189]

1991 erhielten alle Fähren der Linie Mukran – Klaipeda einen Eintrag ins Guinness-Buch der Rekorde – als größte Eisenbahnfähren der Welt.[190]

ZEITZEUGE GERHARD THIEMANN:
DER KAPITÄN

Dieses Kapitänsbild, das als Erinnerungsstück für Gerhard Thiemann gemalt wurde, zeigt die »Mukran« am 25.September 1988 bei schwerer See vor der Hafeneinfahrt von Klaipeda; im Hintergrund die Havarie des DDR-Frachters »MS Rudolf Breitscheid«.

Dass neuartige Fähren die DDR mit der Sowjetunion verbinden sollten, hatte Kapitän Gerhard Thiemann (Jahrgang 1935) schon gehört, lange bevor die ersten Bauarbeiter in Mukran anrückten und die Arbeiten in der Mathias-Thesen-Werft in Wismar begannen. »Das erzählte man sich im Küstenklatsch«, berichtet der Seemann aus Rostock. Anfang der achtziger Jahre war er selbst noch auf dem Frachtschiff »Altenburg« unterwegs, als langjähriger Kapitän des DDR-Kreuzfahrtschiffes »Völkerfreundschaft« hatte er da schon Erfahrungen auf allen Weltmeeren gesammelt.

Die Neuigkeit im Küstenklatsch brachte Thiemann auf eine Idee, die sein Leben verändern sollte: Er wollte mit einer der neuen Fähren die Ostsee befahren. Statt monatelang auf See zu bleiben, wünschte sich Thiemann eine Arbeit im festen Rhythmus mit regelmäßigen Aufenthalten zu Hause. 14 Tage an Bord, dann könnte er nach Rostock fahren, wo seine kranke Frau auf ihn wartete. »Sie war damals zu viel allein«, sagt Thiemann, »die Kinder fuhren auch zur See.«

Ein weiterer Grund für Thiemanns Entscheidung war Jahre zuvor ein existenzielles Erlebnis an Bord eines Schiffes in der Nordsee gewesen. Nur mit knapper Not hatte er einen Blinddarmdurchbruch überlebt. In letzter Minute hatten Rettungsmannschaften den todkranken Seemann vom Schiff in ein Krankenhaus an Land bringen können. Seitdem stand für den Kapitän fest, dass er seine Schiffe nicht allzu fern von den Küsten führen wollte.

Thiemann war in Westfalen aufgewachsen und wegen der Bombenangriffe im Zweiten Weltkrieg mit seiner Familie zur Großmutter ins vermeintlich sicherere Stralsund geflohen. Das Kriegsende erlebte er in Garz auf Rügen. Seine Karriere begann er 1951 als Schiffsjunge auf einer 15-Meter-Barkasse des »seehydrographischen Dienstes« in Stralsund. »Seemann war damals ein Beruf mit Perspektive«, erinnert sich Thiemann. Noch war die Flotte der staatlichen Deutschen Seereederei der DDR klein, »aber es gab Aussicht auf viele Schiffe in der Zukunft«.

Bevor er das Kommando auf der »Mukran« übernahm, musste auch Thiemann ans Schwarze Meer reisen, um die Arbeit auf der Linie Iljitschowsk – Varna kennenzulernen. Ausführlich beschäftigte er sich mit dem Konzept dieser Eisenbahnfährverbindung und analysierte deren Stärken und Schwächen. Für eine Woche trat er ins zweite Glied zurück und fuhr vom 29. Mai bis zum 11. Oktober 1985 als Assistent des Kapitäns auf der Schwarzmeerfähre »Geroite na Sewastopol«. Fünf weitere DDR-Kollegen begleiteten ihn auf der Erkundungsreise.

Im selben Herbst stand Thiemann zum ersten Mal auf der Brücke der »Mukran«, auf dem Gelände der Mathias-Thesen-Werft in Wismar. Bis dahin hatte er das Schiff nur von Bauzeichnungen gekannt, nun gehörte der künftige Kapitän zur Bauaufsicht. »Das Konzept des Schiffes war völlig neu«, erinnert sich Thiemann. Auch im Westen gab es keine Vorbilder für die Zweideck-Eisenbahnfähren.

Wenige Monate später stand fest, dass das Konzept für die Linie Mukran – Klaipeda funktionierte. »Die Probefahrten Anfang 1986 verliefen weitgehend reibungslos«, berichtet der Kapitän. Dass eine Maschine bei einer solchen Fahrt ausfällt, sei nicht ungewöhnlich gewesen: »Das kann einen Seemann nicht besonders erschrecken.« Auch auf die vielen unbeleuchteten Schiffe vor der polnischen und sowjetischen Küste sei er vorbereitet gewesen – mit moderner Radartechnik. Thiemann hatte darauf bestanden, zusätzlich zum störanfälligen Radar sowjetischer Bauart noch ein weiteres Gerät aus DDR-Produktion auf der Brücke installieren zu lassen. Insgesamt absolvierte die »Mukran« vor dem offiziellen Start fünf Probefahrten, davon eine mit kompletter Beladung. Dabei wurde der gesamte Be- und Entladevorgang inklusive Umladen und Umspuren der Eisenbahnwagen in Mukran geprobt. Aufmerksam verfolgten die Offiziellen, ob die geplante Umlaufzeit von 48 Stunden für die Fahrt Mukran – Klaipeda – Mukran mit diesem Schiff und der Technik an Land eingehalten werden konnte. Die Erprobung gelang in der vorgegebenen Zeit.

»Militärische Aspekte spielten für unsere Arbeit kaum eine Rolle«, sagt Thiemann. Militärgüter seien in der Regel in verschlossenen Waggons transportiert worden. »Was sich in den Wagen befand, hat uns nicht interessiert.« Dass die Schiffe im Kriegsfall mit Bohlen ausgelegt werden konnten, um notfalls auch Panzer ohne den Einsatz von Eisenbahnwagen transportieren zu können, habe er erst Anfang der neunziger Jahre erfahren, sagt der Kapitän.

Dennoch war die Art der Güter für den Kapitän von Bedeutung: Vor jeder Reise habe er einen Stauplan erhalten, aus dem die Position einzelner Wagen auf den Decks hervorging. Dabei galt stets die Regel: Gefahrgut steht hinten auf dem oberen Deck. Als gefährlich galten nicht nur die Munition in den verplombten Wagen des Militärs oder die Sprengstoffe für den Bergbau. Auch die importierte Baumwolle war berüchtigt: Sie konnte sich selbst entzünden.

Thiemann fuhr auch nach dem Ende der DDR auf der »Mukran«. Bis er 1993 in Frührente ging, stand er auf der Brücke des Schiffs. Klaipeda war seine erste Station im Ausland gewesen, als er in den fünfziger Jahren als junger Matrose auf der »Vorwärts« fuhr. »Nun war es auch mein letzter Hafen.« Thiemann lebt heute in Rostock.

VERSTECKTE TRUPPEN UND GEFÄHRLICHE GÜTER: MILITÄRTRANSPORTE ÜBER DIE OSTSEE

Auf schweren Fahrzeugen
dieser Art transportierte
die NVA ihre Raketen. Bei
der Fahrt über die Ostsee
erfolgte der Transport der
Waffen und der Fahrzeuge
getrennt.

Regelmäßig reisten die
Raketeneinheiten der DDR
zum Übungsschießen in
die Sowjetunion. 1987
fuhren die Soldaten
zum ersten Mal auf den
Eisenbahnfähren.

Das Tempo im Hafen Mukran hatte die Militärs bereits beim ersten Test außerordentlich beeindruckt. Als am 26. März 1987 der erste Militärtransport auf die »Mukran« rollte, dauerte es nur wenige Stunden, bis 125 Soldaten und 30 Fahrzeuge auf den Decks verstaut waren. 20 Stunden später traf der Transport, den das DDR-Verteidigungsministerium angeordnet hatte, in Klaipeda ein. Ein Katzensprung für die Einheiten der NVA und der Sowjetstreitkräfte, die bei einem Transit auf dem Landweg über Polen beinahe eine Woche bis zur sowjetischen Grenze unterwegs gewesen wären.

Den Transport hatten Offiziere der NVA und der sowjetischen Truppen im Hauptquartier der GSSD in Wünsdorf bei Berlin gemeinsam geplant. Bei der Zusammenstellung der Ladung hatten die Militärs darauf geachtet, von den wichtigsten Fahrzeugtypen je einen einzusetzen.[191] Die Reise wurde von einer 22-köpfigen Spezialistengruppe der NVA begleitet. Ein Augenzeuge berichtet von einer »reibungslosen Fahrt«.[192]

Allerdings hatten sich auf See auch Schwächen beim Transport der Soldaten gezeigt, weil die Campingliegen in den Truppenräumen bei unruhiger See in Bewegung geraten waren. Bei einer Reise mit 300 Soldaten, die auf dem Schiff unterkommen sollten, mussten daher andere Varianten geprüft werden. Außerdem regte das Spezialistenteam in einer »Vertraulichen Dienstsache« an, sich über die Sicherstellung der Verpflegung und medizinischen Hilfe Gedanken zu machen.[193]

»Durch die Garnison Klaipeda der Sowjetarmee wurden die Truppen der NVA am 27. März herzlich begrüßt und zu mehreren Treffen der Waffenbrüderschaft eingeladen«, berichtete Oberst Dr. Ing. Horst Zimmermann vom Ministerium für Nationale Verteidigung in einem Beitrag für die Zeitschrift *Militärwesen* über den ersten Test und gab die Marschrichtung vor: »Im Endausbauzustand ist es möglich, daß sich gleichzeitig drei bis vier Truppentransporte in Mukran aufhalten.«[194] Am 29. März kehrten die Einheiten nach Rügen zurück.

Bereits bei der ersten Probefahrt befanden sich nicht nur Ausrüstung und Soldaten der Armeen aus der DDR und der Sowjetunion an Bord, sondern auch Wagen mit Gütern geheimer Außenhandelsorganisationen. Als das Schiff in Mukran ablegte, standen auf den Decks 27 Waggons der NVA, fünf der sowjetischen Streitkräfte in Deutschland und weitere fünf des »Ingenieur-Technischen Außenhandels« (ITA).[195] Der ITA gehörte zum Bereich Kommerzielle Koordinierung (KoKo) des DDR-Außenhandelsministeriums, der von Alexander Schalck-Golodkowski geleitet wurde und dessen Aufgabe unter anderem darin bestand, der hochverschuldeten DDR dringend benötigte Devisen zu beschaffen und die SED-Nomenklatura mit westlichen Konsumartikeln zu versorgen.

Über den konspirativ arbeitenden ITA, dessen Existenz in der DDR kaum bekannt war, sind nach der Wiedervereinigung nur wenige Unterlagen erhalten geblieben. Hinter seinen Geschäften verbargen sich zumeist Exporte gebrauchter Waffen, die als »Spezialgüter«, »sonstige Güter« oder »spezifische Güter« deklariert wurden. Zu den wichtigsten Abnehmern zählte der irakische Diktator Saddam Hussein, der bis 1989 gebrauchte Waffen, Felddruckereien und Tarnkleidung im Wert von 492 Millionen Mark geordert hatte.[196]

Allein im Jahr 1988 plante der ITA mehr als 600 Transporte über Mukran.[197] In der Vorbereitungsphase war ein Vertreter der Organisation im Frühjahr 1984 nach Odessa gereist, um auf den Eisenbahnfähren des Schwarzen Meers Informationen zu sammeln, die für Militärtransporte auf der Ostsee nützlich sein konnten.[198]

Auf der »Vilnius Seaways«
sind die Toilettenkabinen
in den einst geheimen
Mannschaftsräumen bis
heute erhalten geblieben.

Für die Soldaten
an Bord standen nur
einfache Waschrinnen
im versteckten
Transportraum unter
Deck zur Verfügung.

Im Hafen von Mukran hatten die »Leitstelle für Auslandtransporte« der Nationalen Volksarmee und die »Transportaußenstelle« des ITA einen eigenen Sitz. Diese Posten sollten gemeinsam mit den Umschlagbetrieben, der Volksmarine und den sowjetischen Streitkräften die landseitige Abwicklung der Transporte übernehmen. Die NVA-Leitstelle wurde am 1. Dezember 1986 in den Mobilmachungsplan der Streitkräfte aufgenommen.[199]

Hafen und Schiffe waren für Ladung mit der höchsten Gefahrgutklasse zugelassen, folglich stand Transporten von Munition oder Raketen nichts im Wege. In der Regel machte die Sowjetarmee von dieser Möglichkeit Gebrauch. Die Nationale Volksarmee war in den ersten Jahren nur selten mit den Schiffen unterwegs, um beispielsweise Raketeneinheiten zum Übungsschießen ins mehr als 3000 Kilometer entfernte Kasachstan zu bringen. 1989 fanden solche Fahrten regelmäßig auf dieser Linie statt. Allein im Mai jenes Jahres soll die »Greifswald« auf fünf Reisen jeweils bis zu 300 Mann der NVA nach Klaipeda gebracht haben.[200] Bis zu 40 Wagen mit Material standen jeweils auf dem Unterdeck.[201]

Grundsätzlich gingen die Planungen der Militärs jedoch nicht von Waffentransporten in Richtung Osten aus, sondern umgekehrt. Im Falle einer Eskalation des Kalten Krieges sollte der Hafen in Mukran eine wichtige Rolle spielen. »Es versteht sich von selbst, dass die Fährverbindung die Kapazitäten des Eisenbahntransports in Ost-West-Richtung wesentlich erhöht und damit von erheblicher strategischer Bedeutung ist«, analysierte 1987 Oberst Zimmermann vom Ministerium für Nationale Verteidigung in seinem Beitrag für die Zeitschrift *Militärwesen*.[202] Im Falle eines Krieges hätte die Kapazität beim Einsatz von sechs Fährschiffen pro Tag sechs Truppentransporte und drei Versorgungstransporte oder neun Versorgungstransporte betragen.

Zimmermann wies in seinem Artikel aber auch auf die Verwundbarkeit der Fährlinie hin. Bei Zerstörungen in Mukran oder Klaipeda hätte es keine alternative Anlegestelle zum Be- und Entladen der Fähren gegeben. In diesem Falle könnten die Fähren lediglich als Ro-Ro-Schiffe ohne Eisenbahnwagen genutzt werden. Dazu sollten die Räume zwischen den Schienen komplett mit Holzbohlen ausgelegt werden. Jedes Deck, so analysierte Zimmermann in seinem Aufsatz weiter, hätte nach entsprechenden Umbauarbeiten auf Deck 75 Räder- oder Kettenfahrzeuge aufnehmen können, ohne dass diese vorher auf Eisenbahnwagen hätten verladen werden müssen. In Mukran wäre das wegen der besonderen Anlagen nicht möglich gewesen. In der DDR wäre »aufgrund der gegebenen Wassertiefen und der Bauarten der Piers nur der Ro-Ro-Liegeplatz im Seehafen Rostock dafür geeignet«, schrieb der Oberst. Unter Deck der Schiffe lag für solche Fälle, in Einzelteile zerlegt, eine etwa zwei Meter lange Rampe bereit, die ein Auf- und Abfahren von Panzern auf die Decks ermöglichen sollte, wenn die Hafenanlagen in Mukran und Klaipeda nicht zur Verfügung standen. Sie war für schwere Militärfahrzeuge mit einem Gewicht von 60 Tonnen zugelassen, was etwa der Last entspricht, die ein Panzer auf die Waage bringt. In der Praxis wären diese Hilfsmittel jedoch »nicht praktikabel« gewesen, sagt der damalige Kapitän Gerhard Thiemann. Bei der Konstruktion habe man nicht bedacht, dass der Höhenunterschied zwischen Ladekai und Ladedeck je nach Wasserstand und Hafen variiert. Außerdem seien die Rampen zu schwer und unpraktisch gewesen. Thiemann: »Im Ernstfall hätte das nicht funktioniert.« Den meisten Besatzungsmitgliedern sei der Zweck der Konstruktion ohnehin nicht bekannt gewesen: Der Einsatz der Rampe sei nie geübt worden.

Die Sorge, dass die Fährlinie im Krieg äußerst verwundbar gewesen wäre, hatte bereits in der Planungsphase die Spezialisten des NVA-Militärtransportwesens umgetrieben.

Dabei hatten sie weniger den Hafen selbst, sondern die Schienenwege im Blick, die zu dem Gelände führten. In einer Analyse vom 6. Mai 1981 schrieben die Fachleute für Militärtransporte: »Im Verteidigungsfall ist der Fährhafen mit hoher Wahrscheinlichkeit nur bedingt für Militärtransporte nutzbar, besonders auf Grund der zu erwartenden Zerstörung der Rügendamm- und Ziegelgrabenbrücke als Verbindung zum Festland.«[203] Eine Ersatzbrücke zwischen Rügen und dem Festland zu schaffen (Dublierung), sei sehr aufwendig. Außerdem würde die Technik hierfür im Ernstfall an der Elbe und an Oder und Neiße dringender gebraucht. Als Übergangslösung bei einer Unterbrechung der Verbindung nach Rügen im Krieg schlug der Chef des Militärtransportwesens, Generalmajor Siegfried Gräfe, die Häfen Warnemünde und Świnoujście (ehemals Swinemünde) vor, ohne allerdings darauf einzugehen, wie die komplizierte Be- und Entladung der Fähren dort hätte vonstatten gehen können.[204]

Vor Angriffen aus der Luft war der Fährkomplex halbwegs geschützt: Die Nationale Volksarmee sicherte das Hafen- und Bahngelände unter anderem mit Flugabwehrstellungen nordwestlich von Mukran in Dranske und in Neuenkirchen. Außerdem soll eine eigene Flugabwehrstellung nördlich von Mukran geplant gewesen sein, die jedoch nicht realisiert wurde.[205]

Trotz der Bedenken hinsichtlich der Verwundbarkeit der Fährlinie schätzte das Militär die Bedeutung der Fährverbindung hoch ein: Im Vergleich mit dem Landtransport würde sich nicht nur die Reisezeit verkürzen. Zimmermann betonte auch die »Erhöhung der Sicherheit«.[206] Sein Fazit in *Militärwesen*: Mit der militärischen Nutzung der Fährverbindung »wird ein Beitrag zur weiteren Erhöhung der Kampfkraft der Vereinten Streitkräfte der Teilnehmerstaaten des Warschauer Vertrages geleistet«.[207]

Bei der Präsentation der neuen Schiffe hatten die DDR-Behörden den Trick mit den Holzbohlen für sich behalten, so dass ein Redakteur der westdeutschen Fachzeitschrift *Schiffahrt international* zu dem Ergebnis kam, wegen der Schienen auf dem Deck wäre das Rangieren mit Militärfahrzeugen auf den Fähren gar nicht möglich.[208] Außerdem hatte er angeblich erfahren, dass die Decks für hohe Einzelgewichte wie Panzer nicht ausgelegt waren. Bei Tageszeitungen und anderen Medien im Westen trugen die Schiffe dennoch bald den Namen »Panzerfähren«.[209]

Wie richtig sie damit lagen, dürften die Redakteure seinerzeit kaum geahnt haben. Gegen Ende der Planungsphase für das Fährprojekt, am 27. April 1982, hatte die sowjetische Botschaft in Ost-Berlin der DDR-Regierung einen Katalog mit konkreten Forderungen für den Bau der Fähren und Anlagen übergeben.[210] Darin hieß es:

- Der Transport von Ketten- und Räderfahrzeugen bis 60 Tonnen sowie von gefährlichen Gütern der Klasse 1 muss gewährleistet sein.
- Die Schiffe müssen so gebaut werden, dass militärische Ketten- und Räderfahrzeuge aus eigener Kraft an Bord fahren können.
- Umschlag- und Umspuranlagen in Mukran müssen für jährlich 2000 Wagen der sowjetischen Eisenbahngesellschaft SZD mit Militärgütern der Gefahrenklasse 1 und Umspurmöglichkeiten auf europäische Spur für 400 Wagen mit Militärgütern ausgerüstet sein.
- Die UdSSR plant eine Militärtransportvertretung in Mukran mit acht Mitarbeitern.[211]

Die Sowjets setzten sich durch, das SED-Politbüro nickte am 1. Juni 1982 die Forderungen ab. Im später unterzeichneten Abkommen zwischen der DDR und der UdSSR über die Einrichtung des Fährverkehrs vom Juni 1982 war »die

Quelle: BStU/MfS/BV Rostock/Abt. II/Seite 101/3

Begegnung auf hoher See: Das Spionageschiff »Oker« der bundesdeutschen Marine folgt der »Mukran«.

Beförderung von schwerer Ketten- und Radtechnik sowie von gefährlichen Gütern« mit Eisenbahnwagen dann ebenfalls ausdrücklich vorgesehen.[212]

Schon 1957 hatte die DDR der UdSSR in einem Abkommen grundsätzlich zugesichert, dass alle Militärtransporte durch das Land per Eisenbahn gewährleistet würden.[213] Das Verfahren wurde nun in einer Sondervorschrift für die Fährverbindung Mukran – Klaipeda präzisiert, die am 15. September 1986 in Kraft trat: Die sowjetischen Streitkräfte meldeten ihren Jahresbedarf an Kapazitäten bei den Ministerien für Verkehr und Verteidigung in Ost-Berlin an, um dem Bündnispartner die Planung zu ermöglichen.[214]

Auch über die Kosten hatte das SED-Politbüro am 1. Juni 1982 zu entscheiden. Im Beschluss der Parteiführung heißt es, dass alle besonderen Investitionen, wie sie beispielsweise zur Absicherung von gefährlichen Gütern im Hafen und auf den Schiffen notwendig waren, »vom jeweils Fordernden« zu tragen waren.[215] Das Politbüro legte außerdem fest, dass im laufenden Betrieb keine »Sonderbehandlungen« der Militärtransporte gewährt werden dürften, um die angestrebte Kapazität von 5,3 Millionen Tonnen Ladung pro Jahr nicht zu gefährden. Offenbar fürchtete man, dass die Sowjets mit Sonderwünschen nach bevorzugter Abfertigung militärischer Lieferungen die Abwicklung der zivilen Transporte aus dem Takt bringen würden. Die Abwicklung könne nur nach Maßgabe der »volkswirtschaftlichen Möglichkeiten« erfolgen, hieß es dementsprechend.[216]

Groß waren die Forderungen der Sowjetunion an die DDR dennoch. Sie gingen weit über das hinaus, was die Botschaft 1982 angekündigt hatte. Im März 1986 schrieb der Oberkommandierende der GSSD, Armeegeneral Pjotr Luschew, an den Vorsitzenden des Ministerrates der DDR, Willi Stoph, und kündigte an, jährlich 22 000 Wagen mit militärischen Gütern nach Klaipeda verschiffen zu wollen, wenn die Fährlinie vollständig ausgebaut sei.[217] Luschew ging von einem Volumen von jährlich 650 000 bis 700 000 Tonnen an Armeegütern bis zum Jahr 1990 und von 50 000 bis 100 000 Tonnen an »Spezialgütern« aus.[218]

Das Ladungsaufkommen sollte sukzessive mit dem Ausbau der Fährlinie steigen. Tatsächlich blieben die Mengen deutlich darunter. Zuständig für die Genehmigung war der Generalsekretär des Zentralkomitees der Sozialistischen Einheitspartei Deutschlands, Erich Honecker, also der Partei- und Staatschef selbst. Die Wünsche der Sowjets abzusegnen, bedeutete für die DDR ein gutes Geschäft: Sie konnte Gebühren für die Nutzung der Reichsbahn für Militärtransporte verlangen. Obwohl die Transporte Ende der achtziger Jahre stets hinter den Planungen zurücklagen, wurden im großen Umfang Armeegüter über die Ostsee geliefert. Allein 1988 rollte die Sowjetarmee Züge mit 6975 Wagen in die DDR, im selben Jahr waren in der Gegenrichtung 1870 Waggons mit Armee- und ITA-Transporten unterwegs.

Die Streitkräfte der Nato beobachteten die Transporte auf den Eisenbahnfähren aufmerksam. Dokumentiert ist

Kreisdienststelle Rügen   Bergen, 12. 09. 1989

Quellen: IMS "Richard Wolf"
                    GMS "Bunger"
                    offizielle Quellen

angenommen durch: Oltn. Hinz

O p e r a t i v i n f o r m a t i o n

Spionageverdächtige Handlungen der NATO-See- und Luftstreitkräfte bei Annäherung an die Eisenbahngüterfähren "Mukran" und "Greifswald"

Durch o. g. Quellen wurden im Zeitraum vom 22.06. - 23.08.1989 insgesamt 21 spionageverdächtige Annäherungsversuche gegen die auf der Fährverbindung Mukran-Klaipeda eingesetzten DDR-Fähren "Mukran" und "Greifswald" festgestellt.
Operativ bedeutsam sind die am 02.08.89 und 09.08.89 festgestellten Annäherungsversuche durch ein Aufklärungsflugzeug der BRD, Typ "ATLANTIK", sowie durch das BRD-Spionageschiff "Oker", welches über einen Zeitraum von 2 Stunden parallel zum Kurs der EGF "Mukran" mitlief. An Bord der Fähren wurden Militärgüter, sowohl auf dem Hauptdeck als auch auf dem Oberdeck, transportiert.

Das erhöhte Informationsinteresse gegnerischer Kräfte an den über die Fährverbindung Mukran-Klaipeda durchgeführten Militärtransporten wird deutlich unterstrichen durch die Feststellung des IMS "Richard Wolf" vom 23.08.1989.
Die EGF "Greifswald" befand sich auf Kurs nach Mukran und hatte auf dem Oberdeck Militärgüter der Kategorie A (Sprengstoff und Kfz-Technik). Im Zeitraum von 10.00-12.35 Uhr MEZ erfolgten 4 Annäherungsversuche durch NATO-Streitkräfte der BRD und Dänemark. Ein Hubschrauber der dänischen Marine vom Typ SEA LYNX näherte sich auf provokante und gefährliche Weise auf ca. 25-30 m der EGF "Greifswald", durch die Besatzung wurde das gesamte Schiff sowie die Decksladung mehrfach fotografiert.

Zusammenfassend kann eingeschätzt werden, daß bei den 10 spionageverdächtigen Handlungen in der Relation Mukran-Klaipeda nur in zwei Fällen Militärgüter an Bord der EGF trajektiert wurden und bei den 11 spionageverdächtigen Handlungen in der Relation Klaipeda-Mukran sich in acht Fällen Militärgut an Bord befand.
Im genannten Zeitraum wurden über die Fährverbindung Mukran-Klaipeda vorrangig Militärgüter der Westgruppe der Sowjetstreitkräfte (WGSS) im Ein- bzw. Ausgang Mukran im Verhältnis 3 : 1 trajektiert.

Detailliert listete die Staatssicherheit die Spionageattacken gegen die Fähren auf.

<u>Anlage</u>

Chronologische Gliederung der erfolgten Annäherungsversuche
unter Berücksichtigung der Trajektierung von Militärgütern
der WGSS

1. 21.06.89   EGF "Greifswald" - Relation Mukran-Klaipeda
05.00 Uhr Bordzeit auf Position 5446 N/1516 E
passiert dänisches U-Boot Typ "DELFINEN" im
Abstand von 3 sm die EGF mit Nordkurs

10.28 Uhr Bordzeit auf Position 5522 N/1745 E über-
fliegt BRD-Aufklärer mit taktischen Zeichen -
MARINE 61 (Balkenkreuz) 20 vom Typ BR 1150 "ATLANTIK"
insgesamt 4 mal die EGF
- keine Militärgüter an Bord der EGF. In der Relation
Klaipeda-Mukran wurden Militärgüter durch die EGF
"Vilnius" trajektiert

2. 22.06.89   EGF "Greifswald" - Relation Klaipeda-Mukran
16.30 Uhr Bordzeit auf Position 5507 N/1635 E
passiert britische Fregatte "BATTLEAXE" Takt.Nr. F 98
mit Ostkurs in 1 sm Abstand die EGF
- an Bord der EGF wurden Militärgüter trajektiert

3. 23.06.89   EGF "Greifswald" - Relation Mukran-Klaipeda
09.31 Uhr Bordzeit auf Position 5448 N/1523 E
Überflug 1 x durch dänischen Jäger vom Typ
"DRAKEN"

10.17 Uhr Bordzeit auf Position 5454 N/1546 E
Überflug 1 x durch BRD-Flugzeug Typ "Phantom"

10.59 Uhr Bordzeit auf Position 5458 N/1607 E
Überflug 1 x durch BRD-Flugzeug vom Typ "TORNADO"

- keine Militärgüter an Bord der EGF

4. 28.06.89   EGF "Greifswald" - Relation Klaipeda-Mukran
11.00-11.45 Uhr Bordzeit Position 5456 N/1550 E
Beobachtung Verband von Kriegsschiffen
Raketenfregatte "Niels Juel" Dänemark F 356
Lenkwaffenfregatte 22   USA
Schlachtschiff "IOWA"   USA Nr. 61
Hubschrauber USA   SEA KING
Lenkwaffenkreuzer Nr. 47 USA Typ TICONDEROGA
4 Stück Raketenschnellboote "WILLIMOS" Dänemark Nr. P543
- an Bord der EGF "Greifswald" wurden Militärgüter
trajektiert

5. 07.07.89   EGF "Mukran" - Relation Mukran-Klaipeda
18.45 Uhr auf Position 5432 N/1434 E
Überflug BRD-Flugzeug Typ "PHANTOM"
- Militärgüter an Bord der EGF

14. 09.08.89   EGF "Mukran" - Relation Mukran-Klaipeda
08.00-10.00 Uhr Bordzeit Position um 10.00 Uhr
5504,1 N/1754,6 E
an Backbordseite der EGF lief das BRD-Spionageschiff
"Oker" im Abstand von 1-1,5 sm parallel zum Kurs der
EGF von 68 Grad mit und kreuzte dann die Vorauslinie
der EGF im Abstand von 1,1 sm nach Steuerbord.
- an Bord der EGF wurden Militärgüter trajektiert

15. 23.08.89   EGF "Greifswald" - Relation Klaipeda-Mukran
10.00 Uhr MEZ auf Position 5503 N/1621 E
Überflug von achtern durch zwei dänische Jagdflug-
zeuge Typ "DRAKEN"

11.50 Uhr MEZ auf Position 5451 N/1532 E
Anflug eines dänischen Marinehubschraubers Typ
"SEA LYNX" Takt. Nr. S 181 von Backbordseite achtern.
Dieses blieb 4 Minuten in geschätzter Höhe von 50 m
und fotografierte das gesamte Schiff/Decksladung
mehrfach.
Näherte sich dann in Brückenhöhe und einem geschätzten
seitlichen Abstand von ca. 25-30 m, so daß man schon
von provokanter und gefährlicher Annäherung sprechen
kann.

11.50 Uhr MEZ auf Position 5451 N/1532 E
wurde südlich Bornholm ein Raketenzerstörer
Typ "LÜTJENS" festgestellt.

12.35 Uhr MEZ südlich Bornholm
2 Überflüge von zwei (wahrscheinlich dänischen)
Jagdflugzeugen Typ "DRAKEN"
- an Bord der EGF wurden Militärgüter trajektiert

eine Aufklärungsmission des westdeutschen Marineschiffes »Oker« (Kennung A 53), das am 9. August 1989 in internationalen Gewässern zwei Stunden lang die »Mukran« begleitete. Die »Oker« war mit Spionage- und Abhörtechnik ausgestattet und fuhr zwei Stunden parallel zur »Mukran«, die bei ihrer Überfahrt auf beiden Decks Militärtechnik geladen hatte.[219]

So gut es ging, dokumentierten die westdeutschen Militärs die Ladung. Die Bundesmarine interessierte sich außerdem stets für die vielen Antennen und Radaranlagen oberhalb der Brücke. Stand dort neue Technik, konnten die Beobachter daraus ihre Schlüsse über modernisierte Formen der Kommunikation und Beobachtung ziehen.

Für die Nato-Staaten gehörte das Ausspionieren von Schiffen der Angehörigen des Warschauer Paktes zum Alltagsgeschäft. Je nachdem, wo die Schiffe unterwegs waren, hatte jeweils der nächstgelegene Nato-Staat die Verfolgung zu übernehmen, bis das Beobachtungsobjekt an die Marine des befreundeten Nachbarstaates »weitergereicht« werden konnte. Neben der »Oker« waren für die Bundesmarine mit entsprechendem Auftrag noch viele weitere Schiffe im Einsatz.

Auch aus der Luft beobachteten Ost und West wechselseitig den Schiffsverkehr und waren dabei nicht zimperlich, wie ein anderes Beispiel belegt: Am 23. August 1989 flog ein dänischer Militärhubschrauber über der »Greifswald«. Die Maschine hätte sich dem Schiff »auf provokante und gefährliche Weise« bis auf 25 Meter genähert, heißt es in einem geheimen Bericht der Stasi. Dabei hätte die Hubschraubercrew die Besatzung und die militärische Ladung (»Kfz-Technik und Sprengstoff«) auf dem Oberdeck fotografiert.[220] Auch am 8. und 10. September 1989 kreiste über der Besatzung der »Greifswald« ein Militärhubschrauber, dessen Crew sich für das NVA-Material auf Deck interessierte. Aus 50 Metern Entfernung, so der Stasi-Bericht, schoss ein kanadischer Soldat aus der geöffneten Seitenluke des Hubschraubers Fotos.[221] Vermutlich hatte ein Manöver die Kanadier an die Ostsee verschlagen.

Im Sommer desselben Jahres registrierte die für Spionageabwehr zuständige Linie II des MfS insgesamt »21 spionageverdächtige Annäherungsversuche« bei der »Mukran« und der »Greifswald«. 15 wurden allein vom 21. Juni bis zum 23. August 1989 gezählt.[222]

Auch der sowjetische Geheimdienst Komitee für Staatssicherheit (KGB) war an der »Abwehr« von Spionageattacken auf die Schiffe beteiligt. Im Mai 1988 berichtete ein KGB-Oberst namens Dolgopol bei einem Treffen mit DDR-Geheimdienstlern in Klaipeda von »subversiven Angriffen auf die sowjetische Seeflotte einschließlich der Fährverbindung Klaipeda - Mukran«.[223] Seit 1986 waren angeblich vier »Agenturen liquidiert« worden, darunter sollen zwei amerikanische Spione gewesen sein. Im selben Zeitraum hätte der KGB 22 Anwerbungsversuche bei sowjetischen Seeleuten festgestellt. In einem Fall hätte sich die Gegenseite sogar an einen Kapitän herangewagt.

»Die Zielstellung der subversiven Angriffe bestand in der Durchführung von Militärspionage im Seeverkehr«, berichtete der Oberst den Genossen aus der DDR. Dabei hätte sich der Feind besonders für die Ladung auf den Eisenbahnfähren interessiert. Und nicht nur auf hoher See wurde spioniert: Auch im engen Hafen von Klaipeda ließ sich mancher Transport angesichts des umfangreichen Verkehrs aus dem kapitalistischen Ausland nicht geheimhalten. Dolgopol hatte ausgerechnet, dass jährlich 440 Schiffe mit 9000 Seeleuten aus dem Westen nach Klaipeda gelangten[224] – aus Sicht des KGB und der Stasi, die ihre Aktivitäten im Hafen koordinierten, handelte es sich dabei immer auch um potenzielle Spione.

MUKRAN UND DIE SCHIFFE IM FOKUS DER GEHEIMDIENSTE

Der Befehl zur Überwachung kam von Minister Erich Mielke persönlich. Die Order des Ministers für Staatssicherheit der DDR vom 24. Februar 1982 trug die Nummer 2/82 und den sperrigen Titel »Politisch-operative Sicherung der Errichtung einer Eisenbahnfährverbindung DDR (Mukran) – UdSSR (Klaipeda)«.[225] Intern sprachen die Geheimdienstmitarbeiter vom Projekt »Verflechtung«. Die Verantwortung war im Ministerium ganz oben angesiedelt. Mielke beauftragte seinen Stellvertreter für den Wirtschaftsbereich, Generalleutnant Rudi Mittig, in Mukran für Sicherheit nach den Regeln der Stasi zu sorgen. Der Befehl des Ministers trug den Stempel »Vertrauliche Verschlußsache« und regelte im Detail, welche Diensteinheiten des Ministeriums welche Aufgaben bei der Überwachung des Fährkomplexes übernehmen sollten. Der Befehl des Ministers bezog sich aber nicht nur auf den Zeitraum bis zur Eröffnung der Fährverbindung. Da 1986 erst eine Fähre in Betrieb war und sich auch einige der Anlagen in Mukran noch im Bau oder in der Planungsphase befanden, ging der Stasi-Großeinsatz auch in den Jahren danach weiter und umfasste sämtliche Bereiche rund um den Fährkomplex.[226]

Dass die Fährverbindung von großer militärischer Bedeutung war und daher gegen westliche Spione und andere feindliche Aktivitäten verteidigt werden musste, wurde den Stasi-Mitarbeitern immer wieder eingeschärft. Ein Hauptmann der Kreisdienststelle Rügen des MfS schrieb im Jahr vor der feierlichen Eröffnung des Hafens: »Zur Erhaltung des militärischen Gleichgewichts und somit zur Erhaltung

des Friedens in der Welt werden die sozialistischen Staaten gezwungen, entsprechende militärische Maßnahmen einzuleiten. Dieser Transportweg gewährleistet eine schnelle und kurzzeitige Verlagerung bzw. Austausch militärischer Technik und Einheiten.«[227] In einem Konzept zur Spionageabwehr der Bezirksverwaltung Rostock hieß es: »Die besondere militärische Bedeutung der Fährverbindung besteht darin, daß mit der Inbetriebnahme ein kurzfristiger Umschlag von Militär- und Versorgungsgütern in hohem Umfang erfolgen wird.« Daher sei das Interesse der »imperialistischen Geheimdienste« insbesondere bei der militärischen Nutzung und der Art der Güter groß.[228]

Das Misstrauen der Staatssicherheit richtete sich sowohl gegen Späher aus dem westlichen Ausland als auch gegen DDR-Bürger, die im Auftrag westlicher Dienste Informationen hätten weitergeben können.

Tatsächlich bildeten Bahnstraßen und Verladebahnhöfe einen »besonderen Angriffspunkt zur Beobachtung von Warschauer-Pakt-Truppen«, wie Armin Wagner und Matthias Uhl in einer Studie über westdeutsche Militärspionage in der DDR schreiben. Beide Autoren gehen von einem »grundsätzlich guten Informationsstand« des bundesdeutschen Geheimdienstes BND aus, der in den letzten beiden Jahrzehnten des Kalten Krieges gezielt Veränderungen in den Truppen und den Austausch und die Modernisierung von Waffensystemen beobachtete.[229]

»Auch im Zeitalter von Satelliten- und Funkaufklärung«, so stellen die Autoren fest, »blieb das mühselige Zählen

Mit Panoramaaufnahmen dokumentierte die Staatssicherheit die Situation auf der Baustelle, die auch das Interesse der westlichen Geheimdienste geweckt hatte.

und Identifizieren von militärischem Großgerät (...) unverändert ein wichtiger Baustein, um Bundeswehr und Nato in die Lage zu versetzen, die Fähigkeiten und vermutete Entwicklung des Warschauer Pakts bis zu dessen Auflösung zu beurteilen.« Die Zahl von angeblich 5000 in der DDR festgenommenen Spionen westlicher Geheimdienste in 40 Jahren lässt erahnen, wie gewaltig der Aufwand des Westens gewesen sein muss, um stets aktuelle Informationen zu beschaffen. 80 Prozent der Verhafteten arbeiteten angeblich für den BND oder einen anderen Geheimdienst der Bundesrepublik. In 80 Prozent aller Fälle sollen die Geheimdienstmitarbeiter Militärspionage betrieben haben.[230] Den tatsächlichen Umfang solcher Handlungen zu beurteilen, ist nach derzeitiger Quellenlage nicht möglich – nahezu alle Unterlagen des BND unterliegen noch der Geheimhaltung.

Sicher ist, dass die ostdeutschen Geheimdienstler über die Arbeit ihrer westdeutschen Kollegen zumindest halbwegs Bescheid wussten. So machten sie laut einer MfS-Quelle vom 9. Januar 1989 beispielsweise zwei BND-Dienststellen mit den Tarnnamen »Brücke« und »Ring« ausfindig, die über Agenturen Informationen über Mukran beschaffen sollten.[231] Unter der Überschrift »Streng geheim« hatte ein

Stasi-Offizier bereits am 8. Dezember 1988 von verstärkten Bemühungen des BND »zur Schaffung einer Innenquelle unmittelbar im Komplex Mukran«[232] berichtet. Verantwortlich dafür seien Dienststellen in Hamburg und Bremen gewesen. In dem Bericht heißt es: »Der BND geht dabei insbesondere von der hohen militär-strategischen Bedeutung sowie dem Stellenwert dieser Transportverbindung für die Entwicklung des Handels zwischen der DDR und der UdSSR aus.« Der westdeutsche Geheimdienst habe ausgewählte Agenturen gedrängt, »alle Möglichkeiten zur Außenaufklärung des Fährhafens Mukran sowie zur Benennung und Charakterisierung dort tätiger Personen zu nutzen«. Außerdem habe der BND Lageskizzen vom Hafen und von den Eisenbahnanlagen angefordert.[233]

Besonders Mitte der achtziger Jahre habe der BND verstärkt nach diesen »effektiven Innenquellen« in den bewaffneten Organen der DDR wie der Nationalen Volksarmee, der Volks- und Transportpolizei sowie bei den Grenztruppen und in der Stasi selbst gesucht.[234] Von einer regelrechten »Offensive« der BND-Arbeit bei der Anwerbung von DDR-Bürgern in den achtziger Jahren ist in der Literatur die Rede.[235] 1987 reagierte die Führung des Ministeriums in

Berlin, 8. Dezember 1988

Streng geheim

Aktivitäten des BND zur forcierten Gewinnung von Informationen über den Fährhafen Mukran sowie die Fährverbindung Mukran - Klaipeda mittels geworbener Agenturen im Jahr 1988

Die Geheimdienste der BRD, insbesondere der BND, haben 1988 ihre Aktivitäten verstärkt, mittels geworbener Agenturen Informationen über den Fährhafen Mukran, die Fährverbindung Mukran - Klaipeda sowie deren Umschlag- und Transportkapazität zu beschaffen. Darüber hinaus liegen Hinweise vor, daß der BND seine Anstrengungen zur Schaffung einer Innenquelle unmittelbar im Komplex Mukran forciert.

Der BND geht dabei insbesondere von der hohen militär-strategischen Bedeutung sowie dem Stellenwert dieser Transportverbindung für die Entwicklung des Handels zwischen der DDR und der UdSSR aus. Er stellt offensichtlich in Rechnung, aus "ökonomischen und politischen Problemen" im Zusammenhang mit der Fährverbindung Mukran - Klaipeda Rückschlüsse auf den Stand der Beziehungen zwischen der DDR und der UdSSR ziehen zu können.

Bei der Auftragserteilung drängen die BND-Mitarbeiter ausgewählte Agenturen, alle Möglichkeiten zur Außenaufklärung des Fährhafens Mukran sowie zur Benennung und Charakterisierung dort tätiger Personen zu nutzen. Die Agenturen werden aufgefordert, nach Mukran zu fahren, um die Hafen- und Eisenbahnanlagen zu besichtigen und entsprechende Lageskizzen zu fertigen.

Im einzelnen spiegeln sich die Informationsinteressen des BND in folgenden Fragen wider:

- Welche Probleme gibt es bei der Besetzung von Leitungspositionen im Fährhafen und bei den Besatzungen der Fährschiffe?

- Welche Rolle spielt die Fährverbindung im Rahmen der Landesverteidigung? Welche militärischen Güter werden in Mukran umgeschlagen? Wieviel Militärtechnik wird über Mukran befördert?

- Welche Probleme gibt es bei der Auslastung der Fährschiffe und bei den Umschlagsprozessen? Wieviel Arbeitskräfte kommen bei Umschlagarbeiten zum Einsatz?

Wie hoch ist die Anzahl der umgeschlagenen Eisenbahnwaggons bzw. Container täglich? Wieviel Waggons werden täglich umgeachst und wie soll sich das Verhältnis Umachsung/Umladung künftig gestalten?

Bericht der Staatssicherheit über die Arbeit des Bundesnachrichtendienstes in Mukran vom Dezember 1988.

102 |

- Wie erfolgt der weitere Ausbau des Fährhafens? Wie weit sind
die Bauarbeiten vorangeschritten? Wieviel Fährbecken gibt es?
Welche räumliche Ausdehnung hat das Hafengelände? Erfolgt die
Bewachung durch das MfS oder die VP?

- Werden weitere Fährschiffe gebaut? Wieviel wurden bisher in
Dienst gestellt und welche Namen tragen diese?

- Wie weit sind die Bauarbeiten im Hafen Klaipeda?

- Welche Konsequenzen ergeben sich aus dem begrenzten schienen-
gebundenen Durchlaß der Rügendammbrücke? Wo werden Rückstand-
züge bei unzureichender Durchlaßfähigkeit abgestellt? Welche
baulichen Veränderungen sind am Rügendamm geplant? Was wird
aus der alten Brücke? Welche Bauten müssen der Neuen weichen?
Welche Firmen sind für die Bauarbeiten eingesetzt?

Die festgestellten Aktivitäten des BND sind seinen in Bremen und
Hamburg dislozierten Dienststellen zuzuordnen.

Im Zusammenhang mit der Realisierung politisch-operativer Abwehr-
maßnahmen zum Komplex Mukran ist zu berücksichtigen, daß

- zur Sicherung materiell-technischer Bedingungen im **Fährhafen**
Mukran zeitweise Arbeiten durch Firmen aus dem Operationsgebiet, insbesondere aus der BRD und Berlin (West) realisiert
werden und sich gegenwärtig ein relativ stabiler Stamm von sechs
Monteuren einzelner Firmen über einen längeren Zeitraum dort
aufhält.

- die unmittelbar am Fährhafen vorbeiführende Verbindungsstraße
zwischen Binz und Saßnitz seit dem 1. 6. 1988 wieder für den
öffentlichen Verkehr zugelassen ist und von ihr trotz angebrach-
ter Sichtblenden Einsichtmöglichkeiten zum Fährhafen bestehen.

- der Bau einer öffentlichen Aussichtsplattform am Fährhafen Mukran
beschlossen wurde.

Durch die Hauptabteilung II werden in enger Koordinierung mit der
Hauptabteilung XIX und der BV Rostock zielgerichtete offensive
Maßnahmen unter Nutzung des Interesses des BND zur Schaffung einer
Innenquelle sowie eine verstärkte politisch-operative Kontrolle
im Fährhafen tätiger Personen von Firmen aus dem Operationsgebiet,
des Personalbestandes des Fährhafens und der Fährschiffe sowie
von Personen mit Objekt-Umwelt-Beziehungen zum Komplex Mukran
durchgeführt.

Ost-Berlin auf die wachsenden Aktivitäten. Die Spionageabwehr, die auf mehrere Linien des MfS verteilt war, sollte künftig zentral unter Federführung der Hauptabteilung II (Spionageabwehr) und der entsprechenden Abteilungen in den Bezirken und auf Kreisebene koordiniert werden.[236]

In einem Lagebericht aus dem Jahr 1987 heißt es, der Fährverkehr UdSSR – DDR stehe im Mittelpunkt des Interesses »feindlicher Geheimdienste«: »Der Gegner wird zur Erarbeitung eines umfassenden Lagebildes über die Kampfkraft der Armeen des Warschauer Vertrages, das Verteidigungspotential auf dem Territorium der DDR und die Bestimmungsobjekte für Militärtechnik alle ihm zu Verfügung stehenden Mittel und Möglichkeiten, vor allem aber den Einsatz seiner Agenturen, nutzen.«[237] Als Agenturen bezeichnete das MfS jene Staatsbürger der DDR, die im Dienst westlicher Geheimdienste standen und Informationen für den »Feind« beschafften.

Das MfS hatte Anfang der achtziger Jahre angegeben, dass 30 Prozent aller Militärspione in der DDR auch Bürger des Landes waren. Der westdeutsche Geheimdienstexperte Erich Schmidt-Eenboom rechnete Jahre später aus, dass sogar 43 Prozent der zwischen 1977 und 1986 enttarnten Militärspione des BND aus der DDR kamen.[238] Gegenüber ausländischen Agenten waren sie klar im Vorteil: Sie konnten unauffälliger arbeiten, waren schwerer zu identifizieren und kannten sich vor Ort besser aus als jeder eingeschleuste Geheimdienstler. Besucher aus dem Westen, die privat in der DDR unterwegs waren und sich für die riesigen Anlagen an der Fernstraße F 96 bei Mukran interessierten, wurden von den vorgelagerten Sicherungsposten abgewiesen – allein im Eröffnungsjahr 1986 waren es neun Personen aus dem »Nichtsozialistischen Wirtschaftsgebiet« (NSW), die trotz der Sperrung auf die Landstraße Sassnitz – Binz fahren wollten.[239] Später wurden auf der Brücke der Landstraße

zwischen Binz und Sassnitz, die über die Gleisanlagen führt und von der aus man einen besonders guten Blick auf die Hafenanlagen hatte, Sichtblenden angebracht.[240]

Glaubt man den Berichten der Stasi, dann gab es auf dem Gelände und entlang der Bahnstrecke tatsächlich immer wieder sensible Ladung zu sehen: Mitarbeiter der Bezirksverwaltung Rostock bemängelten, dass nur 50 Prozent der Militärtransporte in geschlossenen Waggons erfolgten. Doch für die Abdeckung von Panzern und anderen Waffensystemen fehlte das Material. 1988 beklagten die Geheimdienstler außerdem, dass wegen der technischen Schwierigkeiten bei der Verladung Züge bis zu drei Wochen in Mukran herumstehen würden. Im Durchschnitt seien es täglich 100 Wagen mit militärischen Gütern gewesen.[241] Ähnliche Probleme stellte die Stasi bei den Transporten des ITA fest. Ein Dorn im Auge war den Aufpassern auch, dass nichtautorisiertes Personal beim Umschlag von Militärgütern im Einsatz war – zum Beispiel Arbeiter aus den Bruderländern Vietnam und Polen. Weil militärische und andere Güter ohnehin nicht getrennt voneinander be- und entladen wurden, war es auf dem großen Areal schwer, die Geheimhaltung heikler Transporte zu gewährleisten.[242] Auch die Bahnstrecke selbst galt als Achillesferse im Bemühen um Konspiration. Penibel rechnete die Staatssicherheit aus, dass entlang der Bahnstrecke auf Rügen 2000 Menschen lebten, die das Geschehen auf den Gleisen beobachten konnten.[243] Folgerichtig stellten die Geheimdienstler fest: »Es ist kaum möglich, aus der Menge der unidentifizierten Personen, die sich dem Objekt nähern, einen Spion zu erkennen.«

Wichtiger sei es daher, sich um Mitarbeiter »an neuralgischen Punkten« zu kümmern und dabei auch Inoffizielle Mitarbeiter (IM) gezielt einzusetzen. Zu diesen »neuralgischen Punkten« zählte beispielsweise das »rechnergestützte

Informationssystem im Fährkomplex Mukran« (RISMU), das sämtliche Informationen über die Güter verarbeitete, die auf den Schiffen zwischen Mukran und Klaipeda transportiert wurden. Die Mitarbeiter hier und im weiteren Umfeld des Fährkomplexes wurden standardmäßig Sicherheitsüberprüfungen unterzogen. Unter besonderer Beobachtung standen dabei Mitarbeiter mit Verwandtschaft oder Kontakten im Westen. Pakete und Briefsendungen von Beschäftigten, Verwandten und Anwohnern wurden auf verdächtige Hinweise kontrolliert. Bei Auslandsbesuchen von »Reise- oder Verhandlungskadern« registrierte die Stasi aufmerksam, wenn sich westliche Kontaktpersonen in Gesprächen auffällig stark für das Fährprojekt interessierten. In einem Bericht aus dem Jahr 1987 heißt es beispielsweise, dass Funktionäre von Vertretern der »BRD-Firmen Railship, Poseidon, Tuscano und Finncarrier zum Fährverkehr DDR – UdSSR abgeschöpft wurden«.[244] Ob sich dahinter tatsächlich in allen Fällen ein geheimdienstliches Interesse verbarg, erscheint jedoch fraglich.

Die Unterlagen des MfS belegen, dass insgesamt mindestens 68 Stasi-Mitarbeiter in Mukran eingesetzt waren.[245] Im April 1989 listete die Stasi 30 IM auf, darunter Lokführer, Schichtleiter, Rangierer, Techniker und Ladearbeiter.[246] Zudem musste auf jedem Schiff mindestens ein »Inoffizieller Mitarbeiter zur politisch-operativen Durchdringung und Sicherung des Verantwortungsbereiches« (IMS) im Einsatz sein. Die Aufgabe der IMS bestand darin, aus besonders sicherheitsrelevanten Objekten über die dort beschäftigten Personen zu berichten und so dazu beizutragen, Gefahren frühzeitig zu erkennen.[247] Um die Konspiration zu wahren, sollten sie möglichst nicht der SED angehören, gleichzeitig aber einen guten Überblick über das Geschehen an Bord haben und bestenfalls auf Rügen wohnen. Für die Treffen der IM mit ihren Führungsoffizieren standen konspirative Wohnungen in Sagard, Sassnitz und Umgebung zur Verfügung.[248] Die Vorgabe verlangte eine »planmäßige Durchdringung«, um unter den Arbeitern, Eisenbahnern und Seeleuten diejenigen herausfiltern zu können, die Kontakte in den Westen hatten und möglicherweise Geheimnisse über den Fährkomplex und die Transporte weitergaben oder anderweitig in »Feindtätigkeiten« verwickelt waren.

In einer Studie über den Einsatz der Stasi in Mukran geht Siegfried Köhler davon aus, dass deren operative Diensteinheiten insgesamt 4000 Personen »zu sichern, zu kontrollieren und zu überwachen« hatten.[249] Im Ministerium für Staatssicherheit, so haben seine Untersuchungen ergeben, hätten sich acht Hauptabteilungen mit der Sicherung des Sonderbauvorhabens beschäftigt. Insgesamt seien 20 Diensteinheiten und selbständige Abteilungen im Einsatz gewesen.[250]

Mit der Überwachung beauftragte die Stasi auch eine große Zahl von Beobachtern, die die Anlagen des Fährkomplexes im Blick behalten sollten. Obwohl die Zufahrtswege zum Hafen durch Kontrollpunkte abgesichert waren und ausschließlich Personen mit einer Erlaubnis den Fährkomplex betreten konnten,[251] war bei militärischen Transporten nahezu im gesamten Hafen- und Bahnhofsbereich der Einsatz »gedeckter Posten« vorgesehen, die vom »Bereich Operative Technik« (OT) mit moderner Fototechnik ausgestattet werden sollten. Einen festen konspirativen Beobachtungsstützpunkt hatte das MfS beispielsweise in der Landwirtschaftlichen Produktionsgenossenschaft (LPG) Sassnitz-Lancken eingerichtet, um den Berufsverkehr vom zentralen Omnibusbahnhof zum Hafen zu überwachen. Von hier aus konnten die Stasi-Mitarbeiter unbemerkt Personen beobachten und ihre Bewegungen dokumentieren. Weitere Stützpunkte befanden sich am Bahnhof Mukran-West, in der nahe gelegenen Schule für Zivilverteidigung sowie in einem

Ministerium für Staatssicherheit   Berlin, 09. ol. 1989
Hauptabteilung II   AG-K/   /89
Leiter

Bezirksverwaltung für
Staatssicherheit
Leiter
Genossen Generalmajor Mittag

R o s t o c k

Weiterführung politisch-operativer Maßnahmen zur Abwehr forcierter
agenturischer Spionageangriffe gegnerischer Dienste, insbesondere
des BND, zum Fährkomplex Mukran
───

Unter Berücksichtigung nachgewiesener forcierter Aktivitäten gegnerischer Dienste, insbesondere der Beschaffungsbereiche der BND-
Dienststellen "BRÜCKE" und "RING" zur Gewinnung von Informationen
über den Fährkomplex Mukran mittels geworbener Agenturen (siehe
Anlage) ist eine weitere koordinierte und detaillierte Aufklärung
und Bearbeitung der von diesen BND-Dienststellen ausgehenden
Spionageangriffe durch die HA II und BV Rostock erforderlich.

Das Hauptziel besteht in der noch abgestimmteren Bearbeitung ausge-
wählter operativer Materialien, in der Entwicklung qualifizierter
IMB-Verbindungen sowie in der Schaffung weiterer konkreter Abwehr-
vorgänge auf der Grundlage realer objektiver Ausgangshinweise.

Dazu wird vorgeschlagen:

- Erhöhung der Verantwortlichkeit der Abteilung II Ihrer Bezirksverwaltung im Rahmen der Federführung bei der Organisierung der kom-
  plexen Spionageabwehr zum Fährkomplex Mukran sowie bei der weiteren
  Durchsetzung und Überarbeitung der bestehenden Sicherungskonzeption
  unter Berücksichtigung veränderter Lagebedingungen und der politisch-
  operativen Potenzen anderer Verantwortung tragender Diensteinheiten
  Ihrer Bezirksverwaltung.

- Gemeinsame analytische Aufarbeitung aller operativen Erkenntnisse
  aus den IMB-Verbindungen zur gegnerischen Vorgehensweise und bisherigen Auftragsstruktur zum Fährkomplex Mukran, um daraus ableitend
  noch konkreter die offensiven Abwehrprozesse organisieren zu können.

- Erarbeitung konkreter Vorlagen für offensive Blickfeldmaßnahmen und
  deren Abstimmung mit der HA II/AG Koordinierung für die

  IMS "FRITZ"   KD Rügen/Abt. II
  IMS "HEINZ"   KD Rügen/Abt. II

IMS "Jürgen FREESE"   Abt. XIX
IMS "Werner SÄNGER"   Abt. XIX

sowie bei weiteren zu schaffenden perspektivvollen inoffiziellen
Kontakten, um Doppelgleisigkeit und Informationsverluste zu vermeiden und die jeweils zweckmäßigste, der aktuellen Lage entsprechende, Verfahrensweise festzulegen.

- Differenzierte und konzentrierte Weiterführung der politisch-operativen
  Kontrolle im Fährhafen tätiger Personen von Firmen aus dem Operationsgebiet, von Personen aus den Bereichen Objekt-Umwelt-Beziehungen und
  Anlieger/Anwohner sowie diesbezügliche operativ bedeutsame Rückver-
  bindungen ehemaliger DDR-Bürger.

                                        Kratsch
                                        Generalleutnant

Anlage

Mit dem Einsatz von
inoffiziellen Mitarbeitern
versuchte die Staats-
sicherheit, die Spionage
der »Agenturen« abzu-
wehren.

Ferienheim. In der LPG Pflanzenproduktion Sagard nahe der Gleisanlagen durften sich die Beobachter sogar im Büro des Vorsitzenden einrichten, ausgestattet mit einer unverfänglichen geheimdienstlichen Legendierung: Angeblich kamen sie vom Rat des Bezirkes Rostock, Abteilung Verkehrsüberwachung.[252]

Große Sorgen bereitete den Kräften des MfS auch die Arbeit der Militärverbindungsmissionen (MVM) der USA, Großbritanniens und Frankreichs, die bei den sowjetischen Streitkräften akkreditiert waren und sich bei ihren Aufklärungsfahrten auf DDR-Gebiet frei bewegen durften.[253] Nur wenige, besonders gekennzeichnete Areale waren davon ausgenommen, Mukran gehörte nicht dazu. In einem Abkommen vom 16. September 1946 hatten die vier Siegermächte des Zweiten Weltkrieges den gegenseitigen Austausch der MVM vereinbart. In der Bundesrepublik verfügten die in Frankfurt am Main stationierten Sowjets über die gleichen Rechte. Da die offiziell als rechtmäßig deklarierten Kontrollfahrten der westlichen MVM in der DDR nicht nur als Provokation empfunden wurden, sondern stets der Verdacht systematischer Spionage im Raum stand, hatte die Stasi ein Netz von Meldekräften eingerichtet. Sie sollten besonders auf die Wagen der MVM achten und verdächtige Fahrzeuge an die Bezirksverwaltungen des MfS melden. Von dort wurden die Informationen an die Zentrale in Berlin weitergeleitet. »Angehörige der Militärverbindungsmissionen missbrauchen ihren Aufenthalt auf dem Territorium der DDR zunehmend durch Handlungen, die gegen die Verteidigungskraft der DDR gerichtet sind«, stellte auch Verteidigungsminister Hoffmann fest und ordnete an, jede MVM-Aktivität zu dokumentieren und sie umgehend an die sowjetischen Streitkräfte zu melden.[254]

Da Rügen, die Bahnstrecken und der Bereich um den Hafen von Mukran selbst nicht zu den gekennzeichneten Sperrzonen gehörten, tauchten die Wagen der Amerikaner und Briten hier besonders oft auf. Im Schnitt zählte die Stasi drei Besuche pro Monat.[255] Mit Ferngläsern beobachteten die Insassen an der Bahnlinie Züge und Ladung – im Jargon der Stasi die »Angriffsobjekte«. Ein Blick auf die Schiffe selbst war wegen der Lage des Hafens von außen nur schwer möglich. Die Besucher aus dem Westen waren dem DDR-Geheimdienst in vielen Fällen sogar namentlich bekannt. Vermerkt wurden unter anderem die Namen »Sergeant Brain«, »Captain Powell« und »Brigadegeneral Foley«.[256] Registriert wurde auch der Besuch eines Fahrzeuges der britischen Militärmission am 14. August 1989.[257] In Borchtitz bei Mukran hätten die Insassen 15 Minuten lang einen Militärtransport beobachtet. 38 Wagen mit Raketentechnik und Fahrzeugen inklusive Küchenausrüstung sollten an diesem Tag nach Klaipeda verschifft werden. Die Raketeneinheit aus der Nähe von Parchim befand sich auf dem Weg zum Übungsschießen in die Sowjetunion.

NVA-Soldaten und Mitarbeiter der Stasi durften ihre ausländischen Kollegen behindern, ihnen den Blick versperren oder die Fahrzeuge »blockieren«, wenn diese trotz des Verbotes in Sperrgebiete eindrangen oder Truppen und Militärtechnik fotografierten. In der Praxis stellte sich die Abwehrarbeit wesentlich schwieriger dar, weil die Bestimmungen des Verteidigungsministeriums Durchsuchungen der Autos, Anwendung von Gewalt oder gar den Griff zur Schusswaffe strikt untersagten. »Unsere Leute durften nichts machen«, sagt ein ehemaliger Hafenarbeiter in Mukran. »Das durften nur die Russen.« Wenn die Amerikaner vorfuhren, traten Sowjetsoldaten und Mitarbeiter des KGB aus ihrer Baracke auf dem Hafengelände. Häufig kam es zu Wortgefechten.

Belege dafür, dass sich unter den Beschäftigten oder Anwohnern des Fährkomplexes westliche Spione befanden, finden sich in den Stasi-Unterlagen nicht.[258] Siegfried Köhler stellt sogar fest: »Das Studium der Akten lässt die Schlussfolgerung zu, dass gerade die Geheimniskrämerei der DDR das Interesse an Informationen über den Fährkomplex förderte und zu Recherchen und Gesprächen oder postalischen Mitteilungen über dieses Objekt führten, die nichts mit Spionageaktivitäten zu tun hatten, vom MfS aber als solche gewertet wurden.«[259]

Die Diskrepanz zwischen den vermuteten Spionageangriffen und den tatsächlichen Gefahren war offenbar groß. Aber auch eine andere Schlussfolgerung wäre zulässig: Die Möglichkeiten der Überwachung stießen bei einer Anlage von der Größenordnung des Mukraner Fährhafens schlicht an ihre Grenzen.

Mit dem Fall der Mauer veränderte sich die Situation im Geheimdienstgewerbe schlagartig: Die Staatssicherheit wurde zunächst zum Amt für Nationale Sicherheit (AfNS) umdeklariert und schließlich per Beschluss des Ministerrates vom 14. Dezember 1989 aufgelöst. Der Spionageabwehr der Sowjets in der DDR fehlte damit die wichtigste Säule beim Schutz der eigenen Geheimnisse. Während des Rücktransportes des gigantischen Militärarsenals in die Sowjetunion boten sich den westlichen Geheimdiensten zahllose Gelegenheiten, einen Blick ins Waffenarsenal der östlichen Supermacht zu werfen. Dabei setzten sie unter anderem an den Bahnstrecken bodengebundene Sensoren ein, die auf eine Entfernung von fünf bis zehn Metern und bei einer Messdauer von mindestens einer Minute Aussagen über den »Charakter der Kernsprengköpfe« erlaubten – eine Technik, die zuvor in anderen Staaten des Warschauer Paktes erfolgreich getestet worden war.[260]

Diese Sensoren haben, einem Bericht des ehemaligen BND-Mitarbeiters Norbert Juretzko zufolge, Spezialisten des BND und der CIA gemeinsam an der Bahnstrecke nach Mu-

kran eingesetzt, als die Sowjets im Sommer 1990 Atomwaffen per Eisenbahn und Schiff nach Klaipeda transportieren wollten.[261] Der Transport trug bei Geheimdienstlern die Bezeichnung »Black Foot«. Die Aufgabe der Teams bestand darin, sich mit drei Geräten dem militärisch gesicherten Zug unbemerkt zu nähern und die Messungen vorzunehmen. Eines der Geräte (»Papa Bär«) befand sich in einer länglichen Kiste und musste dicht am Gleis versteckt werden. »Alle drei Kisten waren mit Spezialelektronik vollgestopft, die sämtliche technischen Werte und Details der Atomwaffen erkennen und aufzeichnen konnte«, schreibt Juretzko in seinem Buch »Bedingt dienstbereit«.[262]

Die Züge bestanden aus maximal zehn Waggons und wurden von zwei Dieselloks gezogen, wobei eine als Ersatz diente. Auf die beiden Lokomotiven folgte ein flacher Wagen mit einem Flugabwehrgeschütz, flankiert von Personal und Scharfschützen. Weitere 50 bewaffnete Soldaten saßen im nächsten Wagen. Dann folgten die Transportwaggons, von denen jedoch immer nur einer oder zwei beladen waren. Bei den anderen handelte es sich um »Dummies«. Laut Juretzko hatten die Züge stets freie Fahrt und durften nur im Notfall gestoppt werden.

Unterstützt wurden die Teams des BND und der CIA daher von kooperationsbereiten Bahnhofsbediensteten in Rambin und Samtens, zwei kleinen Stationen zwischen Rügendamm und Mukran. Von dort erfuhren die Agenten, wann der nächste geheime Transport mit Atomwaffen über Rügen rollen sollte. Der Bahnhofsvorsteher in Samtens sorgte dafür, dass der Zug außerplanmäßig für drei Minuten anhalten musste, damit aussagekräftige Messungen gewährleistet waren. Glaubt man den lebhaften Schilderungen des Autors, gelang der Coup der Geheimdienstler.

ZEITZEUGE WOLFGANG HÖFER:
DER RAKETENOFFIZIER

Wolfgang Höfer war noch gar nicht unter Deck im geheimen Mannschaftsraum der »Greifswald« angekommen, da hatte er sich schon die erste Beule geholt. »Wir waren alles echte Landratten«, berichtet der Ex-Major der Nationalen Volksarmee. »Sich in einem Schiff zu bewegen, waren wir nicht gewöhnt.« Transporte ins 3000 Kilometer entfernte Kapustin Jar (heute Snamensk) im russischen Gebiet von Astrachan in der Nähe Kasachstans gehörten für Höfer und die anderen Soldaten der Fünften Raketenbrigade zur alljährlichen Routine, doch bislang waren die Männer stets mit der Eisenbahn quer durch die östlichen Bruderländer gefahren. »Steppenfahrten« hießen diese Touren durch das scheinbar endlose Sowjetreich, die in der Regel inklusive der Abschussübungen einen Monat dauerten. Am 16. August 1989 führte die Reise erstmals per Eisenbahnfähre über die Ostsee. Und der baumlange Höfer (Jahrgang 1955) lernte sehr schnell, dass es an Bord noch enger zugehen konnte als in den Zügen der sowjetischen Eisenbahn.

200 Mann und 80 Lastwagen mit der kompletten Technik der Zweiten Raketenabteilung der Brigade mussten verladen werden. »Wir haben unseren gesamten Krempel inklusive Startrampen mitgenommen«, berichtet Höfer, der für die Transportvorbereitung, den Ladeplan und die Sicherheit verantwortlich war. Nur die gewaltigen, zwölf Meter langen Boden-Boden-Raketen vom Typ 8 K 14 (Nato-Bezeichnung: Scud) lagen nicht auf den Eisenbahnwagen. Sie wurden getrennt mit einem anderen Zug transportiert. Die 6,5 Tonnen schweren Geschosse konnten mit konventionellen oder nuklearen Gefechtsköpfen ausgerüstet werden.

Der Transport begann im mecklenburgischen Sternberg. Soldaten und Transportpolizei riegelten Teile des Güterbahnhofs ab, als der »Krempel« auf Eisenbahnwagen verladen wurde. Für die vier jeweils 30 Tonnen schweren und 12,5 Meter langen Startrampen standen »Plattformi« bereit.

So nannten die Soldaten die russischen Transportwaggons, die wegen ihrer Überbreite nur auf bestimmten Strecken fahren konnten.

Als sich der Zug in Richtung Mukran in Bewegung setzte, schützten Planen die militärische Ausrüstung vor neugierigen Blicken. Für die Offiziere hatte die Reichsbahn einen Liegewagen bereitgestellt. Die einfachen Soldaten mussten mit Pritschen oder Luftmatratzen vorliebnehmen.

Höfer war vor Beginn der Fahrt informiert worden, dass sein Transport Ziel einer Spionageattacke werden könnte. Die Spionageabwehr hatte erfahren, dass die Militärverbindungsmissionen Großbritanniens und der USA großes Interesse daran hatten, die Züge der Raketeneinheiten aufzuklären. Zwei Tage vor dem Ablegen hatten die Briten bereits an den Gleisen vor Mukran gestanden und die beladenen Wagen auf dem Weg zum Hafen beobachtet. Ob sich Mitglieder der Militärverbindungsmissionen erneut auf die Lauer legten, als Höfer mit seiner Einheit unterwegs war, weiß er jedoch nicht.

In Mukran waren die Eisenbahner bereits auf den NVA-Transport vorbereitet. Die vier »Plattformi« wurden umgespurt, also mit Achsen der sowjetischen Breitspur ausgerüstet. Nach wenigen Stunden war der Militärzug abfahrbereit und rollte auf die Fähre – ins untere Ladedeck, wo er vor den Blicken der Crews von Nato-Hubschraubern und -schiffen geschützt war. Oben standen Güterwagen mit unverdächtiger Fracht.

»Wir hatten alle unsere Seesäcke auf dem Rücken«, erinnert sich Höfer. Über steile Treppen und durch enge Gänge führte der Weg der Soldaten tief nach unten in den Bauch der »Greifswald«. Dreistöckige Pritschen standen in dem Raum, in dem die Männer die nächsten 20 Stunden verbringen sollten. Außer der persönlichen Ausrüstung hatten sie in ihren Seesäcken die Verpflegung für die Reise verstaut: Einmannrationen der NVA inklusive Bitterschokolade mit Koffeinzusatz, Stullen und Schmalzkonserven.

Höfer wusste, dass selbst er als Offizier während der Überfahrt nur selten an Deck würde gehen können. Deshalb kontrollierte er vor der Abfahrt noch einmal penibel, ob die Armeegüter auf den Eisenbahnwagen gut gesichert waren. Bevor die »Greifswald« ablegte, informierte die Besatzung die Soldaten über das Verhalten bei Notfällen auf See. Jeder musste mit seiner Unterschrift bestätigen, dass er die Erklärungen zur Kenntnis genommen hatte.

Am frühen Abend legte die Fähre ab. Den Passagieren stand eine Seereise ohne besondere Vorkommnisse bevor. »Die Ostsee war platt wie ein Kuchenblech«, erinnert sich Höfer. Im Mannschaftsraum bauten die Politoffiziere die transportable »Rundfunkkinoanlage« auf, die bei längeren Truppentransporten zur Ausrüstung gehörte. Auf einer mobilen Leinwand bekamen die Soldaten 16-Millimeter-Filme zu sehen. Schulungsfilme und Unterhaltung gehörten zum Programm. Für Abwechslung sorgten außerdem Radiorekorder, Bücher und Spiele. Im fensterlosen Raum unter den Güterzügen kloppten die Männer Skat. Dazu gab es Bier, zwei Flaschen für jeden.

Vor der Nachtruhe erlaubten die Offiziere den Soldaten, in Gruppen kurz an Deck zu gehen, um frische Ostseeluft zu schnappen. Um 22 Uhr wurden die Schotten dicht gemacht und aus Sicherheitsgründen bewacht. Zwei Monate zuvor war ein Soldat einer Flugabwehreinheit von einem automatischen Schott erschlagen worden, als er unbemerkt im Schiff unterwegs war. Angeblich hatte er das Schwimmbad gesucht.

Am nächsten Morgen bat der Kapitän Major Höfer und die anderen Offiziere zu einem Gespräch auf die Brücke. Dort waren die Seemänner gerade mit einem Ausweichmanöver beschäftigt. Sie fuhren auf einem Kurs, der in einem großen Bogen um ein Schiff der Nato herumführte. Offenbar hatte der Kapitän die Anweisung erhalten, mit seiner Fähre möglichst nicht aufzufallen.

Nach 20 Stunden Fahrt legte die »Greifswald« in Klaipeda an. Die Eisenbahnwagen mit der Raketentechnik rollten von Bord. Für die Soldaten sollte nun die Steppenfahrt in Richtung Kasachstan beginnen. Sie warteten auf die gefürchteten russischen Mannschaftswagen. »Das war meistens das Letzte«, berichtet Höfer. »Verkeimt, demoliert, Heizung defekt.«

Diesmal erwischten die Soldaten auf dem Güterbahnhof Draugyste bei Klaipeda halbwegs passable Wagen, doch die Lok fehlte. Erst langsam begriffen die Männer, dass sie mitten in das Chaos der sich auflösenden Sowjetunion geraten waren. Klaipeda gehörte zu Litauen, das sich von der UdSSR abspalten wollte. Der Wille zur Unabhängigkeit hatte die gesamte Litauische Sozialistische Sowjetrepublik erfasst. Dass ostdeutsche Truppen auf dem Weg zu einem russischen Raketengelände nicht willkommen waren, bekamen Höfer und seine Soldaten zu spüren. »Plötzlich verstanden die Eisenbahner kein Russisch mehr«, erinnert er sich. Erst nach eineinhalb Tagen konnten die Soldaten ihre Reise fortsetzen.

Steppenfahrt, Raketenschießen, Steppenfahrt – nach vier Wochen kehrten die Männer über die Ostsee zurück. Von der großen Ausreisewelle über Ungarn und der sich anbahnenden Friedlichen Revolution waren keine Nachrichten ins entfernte Kapustin Jar gedrungen. Höfer: »Als wir zurückkamen, war die DDR ein anderes Land.«

Ein gutes halbes Jahr später übergab die NVA ihre Raketen den sowjetischen Streitkräften, am 3. Oktober 1990 verließ Höfer die Armee. Er leitet heute ein Unternehmen für Catering-Logistik in Demen bei Schwerin. Die Firma hat ihren Sitz in der ehemaligen Kaserne seiner Raketeneinheit.

HANDEL MIT DEM KLASSENFEIND: FÄHREN IN DIE BRD?

Sogar Bundeskanzler Helmut Kohl gab seinen Segen. Als in Mukran die Bauarbeiten noch im vollen Gange waren und noch kein einziges Schiff den Betrieb aufgenommen hatte, signalisierte der Bonner Regierungschef im März 1985 grundsätzliche Zustimmung zu einer geplanten Eisenbahnfährverbindung zwischen Klaipeda und dem westdeutschen Schleswig-Holstein.[263] Einen Monat später beauftragte das Bundeskabinett das Bonner Verkehrsministerium, Gespräche mit der Sowjetunion aufzunehmen. Damit reagierte die Regierung positiv auf einen wiederholt vorgebrachten Vorschlag Moskaus aus dem Jahr 1981, eine neue Seeverbindung zwischen beiden Staaten einzurichten.

Als Häfen waren Lübeck-Travemünde und Kiel im Gespräch. Zuvor waren auch kleinere Häfen wie Flensburg, Neustadt (Holstein)[264] und Puttgarden[265] an der sogenannten Vogelfluglinie als westlicher Endpunkt einer Fährlinie BRD – UdSSR diskutiert worden. Erfreut nahm die Landesregierung in Kiel den Beschluss aus Bonn zur Kenntnis. Ministerpräsident Uwe Barschel (CDU) ahnte jedoch, dass ein derartiges Projekt zwischen der Bundesrepublik und der UdSSR in Zeiten des Kalten Krieges Probleme bereiten würde: »Auch nach einer positiven Entscheidung des Bundeskabinetts ist das Fährprojekt noch lange nicht gelaufen«, ließ Barschel verlauten.[266]

Im Juni 1983 hatte die Landesregierung Schleswig-Holsteins eigene Verhandlungen mit der Sowjetunion geführt, an deren Ende beide Seiten ein Memorandum unterzeichneten. Darin war festgehalten, dass geprüft werden sollte, ob sich die sowjetischen und westdeutschen Reedereien über eine regelmäßige Ostsee-Verbindung einigen könnten. Vier Schiffe, so hieß es in den ersten Konzeptionen, sollten 1987/88 den Verkehr aufnehmen. Die Gesamtkosten würden sich zwischen 500 Millionen und einer Milliarde D-Mark bewegen.[267] Vom Bau der Schiffe in Schleswig-Hol-

stein erhoffte sich das Bundesland die Schaffung neuer Arbeitsplätze. Jede Fähre hätte mit 125 Millionen Mark zu Buche geschlagen. Mehrere Hundert Millionen wären zudem in die Hafeninfrastruktur geflossen. Die Bundesrepublik hätte damit außerdem Anschluss an das Breitspureisenbahnnetz der UdSSR erhalten. Das Handelsvolumen zwischen der BRD und der UdSSR hatte inzwischen sechs Millionen Tonnen pro Jahr erreicht. Schon damals wurden die meisten Güter zwischen beiden Staaten mit Handelsschiffen transportiert. Mit der Einrichtung einer regelmäßigen Fährverbindung hätte man nun eine weitere Million Tonnen Ladung jährlich vom Land- auf den Seeweg verlagern können.[268]

Hinter den Kulissen hagelte es jedoch Kritik. Besonders die USA befürchteten, dass für die Sowjets eine leistungsfähige Verkehrsverbindung in den Westen entstehen würde, die im Kriegsfall als Stützpunkt und Brückenkopf der Armeen des Warschauer Paktes in der BRD hätte genutzt werden können. »Die hatten Angst, dass die Schiffe mit Panzern in Lübeck anlegen, die gleich nach Hamburg durchfahren«, spottete ein Beamter des Kieler Verkehrsministeriums. Fachleute hielten es sogar für möglich, dass die östlichen Truppen bei einem militärischen Konflikt mit einem strategisch geschickten Vorstoß über die Ostsee den Norden mit einem »Panzerkeil« vom Rest der Nato einfach hätten abschneiden können.[269]

Eine andere Sorge der westlichen Militärs bestand darin, dass die UdSSR auf deutschem Boden hinter Stacheldraht einen eigenen Terminal installieren würde, von dem aus westliche Marinebasen und Versorgungswege hätten ausspioniert werden können.[270] Sicherheitsexperten nannten laut *Spiegel* den belgischen Hafen Antwerpen als abschreckendes Beispiel. Dort war es der UdSSR in den sechziger Jahren gelungen, Flächen im Hafen zu erwerben und für dieses Gebiet einen exterritorialen Status durchzusetzen. In der Folge seien auf diesem Wege unbemerkt Agenten nach Belgien eingeschleust worden.

In den Bonner Ministerien gingen die Meinungen weit auseinander, ob man sich auf das Geschäft mit der UdSSR einlassen sollte. Die mit dem Projekt befassten Bundesministerien für Wirtschaft und Verkehr versprachen sich von der Fährverbindung gute Geschäfte mit der UdSSR, im Innen- und Verteidigungsministerium war man aus Sicherheitsgründen dagegen. Das Verteidigungsministerium formulierte eine Reihe von Auflagen für die Einrichtung der Fährlinie, die im Frühjahr 1985 dem Bundeskabinett vorgelegt wurden.[271]

Die Experten forderten, Moskau in Schleswig-Holstein kein Grundstück mit exterritorialem Status und keine Stationierung von sowjetischem Personal in »größerem Ausmaß« zu genehmigen. Außerdem müsse die Umspurstation auf russischer Seite gebaut werden.[272]

Schleswig-Holsteins Wirtschaftsminister Jürgen Westphal hielt jedoch in einer Landtagsrede den Bedenkenträgern entgegen, dass von Exterritorialität keine Rede sein konnte. Geplant sei ein »Fifty-fifty-Unternehmen«, das beiden Seiten Mitspracherechte einräume, Arbeitsplätze schaffe und die Bedeutung des schleswig-holsteinischen Hafens stärke.[273] Welchen er dabei im Auge hatte, ließ der Minister offen, vermutlich, um die Konkurrenz zwischen den Kandidaten Kiel und Lübeck nicht weiter anzuheizen. Kiels Oberbürgermeister Karl Heinz Luckhardt hatte im Wettstreit beider Städte um das Prestigeprojekt bereits ein 300 000 Quadratmeter großes Grundstück auf dem Werftgelände der Howaldtswerke gekauft, das für die Fähranlegestelle genutzt werden sollte. Als Betreiber des Terminals war das deutsch-sowjetische Unternehmen Transnautik im Gespräch, dessen Hauptanteilseigner die UdSSR war.[274]

Lübecks Bürgermeister Robert Knüppel warb mit der guten Schienenanbindung von Travemünde und mühte sich, die Sicherheitsbedenken zu zerstreuen: In seiner Hansestadt gäbe es nichts zu spionieren, schrieb er an Ministerpräsident Uwe Barschel.[275]

Aber es war nicht nur die Angst vor Spionage, die die Sicherheitsexperten alarmierte: Ein deutsch-sowjetisches Gemeinschaftsprojekt sowie die wachsende Zahl sowjetischer Schiffe hätten zu einem weiteren Schrumpfen der deutschen Handelsflotte führen können, so dass im Kriegsfall nicht mehr ausreichend Kapazitäten für militärische und zivile Transporte zur Verfügung gestanden hätten.[276] »Die zunehmende Ausflaggung ist nicht nur ein wirtschaftliches, sondern auch ein militärisches Problem«, hieß es aus dem Bundesverteidigungsministerium.[277] Der Marineinspekteur der Bundeswehr, Ansgar Bethge, hatte schon früh vor einer Dominanz der sowjetischen Handelsflotte gewarnt. Er fürchtete, im Falle eines Krieges nicht mehr genügend eigene Schiffe für die Versorgung der Bevölkerung und die Beschaffung von Rohstoffen aus Übersee requirieren zu können.[278] Die gleichen Befürchtungen trug der ständige Vertreter der BRD bei der Nato, Hans-Georg Wieck, dem Kabinett in Bonn vor. Er berichtete außerdem von entsprechenden Warnungen der Verbündeten und der bundesdeutschen Marine, die zudem darauf hingewiesen hatte, dass sich das Gelände für den geplanten Terminal in Kiel direkt gegenüber einem Marinestützpunkt befand.[279]

Glaubt man den Akten, war die Staatssicherheit von Beginn an hervorragend darüber informiert, was am Kabinettstisch in Bonn zum Thema Fährverbindung in die UdSSR besprochen wurde. »Zuverlässige Informationen aus zuständigen BRD-Regierungsgremien geben Aufschluß über die grundsätzlich positive Haltung der BRD-Regierung zum Projekt des Baus einer Fährverbindung zwischen Klaipeda und einem Hafen in Schleswig-Holstein«, heißt es in einem geheimen Bericht.[280] Weiter war von »vorbereitenden Materialien für einen Kabinettsbeschluß der BRD-Regierung« die Rede, in dem festgelegt worden sei, dass bei einer Anfrage aus Moskau Gesprächsbereitschaft signalisiert werden sollte.

Der Berichterstatter wollte außerdem erfahren haben, dass die UdSSR schon 1981 wegen einer regelmäßigen Fährverbindung bei der BRD angefragt und eine entsprechende »Wohlwollenserklärung« gewünscht hatte. Doch 18 Monate später hätte die westdeutsche Regierung, einem Nato-Außenministerbeschluss vom 13. Januar 1982 folgend, das Projekt vorläufig auf Eis gelegt.[281] Nach den Ereignissen in Polen und dem Einmarsch der Sowjetarmee in Afghanistan waren enge Kontakte der Mitgliedstaaten zur Sowjetunion nicht länger gern gesehen.

Besonders aufmerksam registrierte das Ministerium in Ost-Berlin, dass die UdSSR mit der neuen Fährlinie direkt an das westeuropäische Verkehrsnetz angebunden gewesen wäre und damit den Transit durch die DDR und die Volksrepublik Polen hätte vermeiden können. Der Informant berichtete vom sowjetischen Wunsch nach »bilateraler Verkehrsautarkie« und gab zu Protokoll, dass der Transit durch Polen von sowjetischer Seite als »Unsicherheitsfaktor« gewertet wurde. Die UdSSR hätte zudem die Errichtung der Umspurungsanlage auf westdeutscher Seite erbeten, weil sie die Zuverlässigkeit der eigenen Hafendienste als »sehr desolat« einschätzte.[282]

Auch die Bedenken der Bonner Ministerien kamen in den Berichten zur Sprache: »Sie sehen in der ›Verlängerung‹ der sowjetischen Breitspur auf das Gebiet der BRD ein militärstrategisches Sicherheitsrisiko bzw. erweiterte Spionagemöglichkeiten für die UdSSR.« Auch vom Bundeskanzleramt und vom Auswärtigen Amt seien Bedenken vorgebracht

worden. Abschließend hieß es in der streng geheimen Analyse des Ministeriums für Staatssicherheit: »Diese Information darf im Interesse der Sicherheit der Quelle nicht publizistisch ausgewertet werden.«[283] Wer diese Nachrichten von Bonn nach Ost-Berlin lieferte, ist bis heute unklar.

Angeblich sollten die Schiffe als Zubringer für westdeutsche Exporte nach Ostasien dienen. Diese Vermutung sorgte bei westdeutschen Reedern und der Hafenwirtschaft für Spekulationen. Wären die Güterströme in den Fernen Osten in Zukunft vermehrt über Ostsee und Transsibirische Eisenbahn abgewickelt worden, hätte sich zwar die Transportzeit verkürzt, gleichzeitig wären aber große Kapazitäten in den eigenen Häfen und Schiffen überflüssig geworden. Die Reeder fürchteten Einbußen der Tonnage auf ihren bisherigen Routen von bis zu 800 000 Tonnen pro Jahr. Auch die deutsche Küstenschifffahrt reagierte besorgt.[284]

Im Juni 1986, fünf Monate vor der Eröffnung der Linie Mukran – Klaipeda, kam dann ein Nein aus Moskau für die Fährlinie in die Bundesrepublik. Bei einem Besuch behauptete der sowjetische Verkehrsminister Timofej Guschenko außerdem, das ganze Projekt sei ursprünglich eine Idee von Vertretern der deutschen Hafenwirtschaft gewesen. Sein Land habe die Wirtschaftlichkeit nun geprüft und kein Interesse mehr an dem Projekt.[285]

Dem Bau eines mit Mukran vergleichbaren Fährhafens in Westdeutschland standen ohnehin praktische Probleme im Weg: Es fehlte der Platz. Ein Areal von der Größe des Fährbahnhofes auf Rügen hatte kein westdeutscher Ostseehafen zu bieten.[286]

Die Gültigkeit dieses »Njet« war jedoch von kurzer Dauer. Schon 1988 beschäftigten den Ministerrat der DDR Meldungen, nach denen es neue Überlegungen für eine regelmäßige Fährverbindung zwischen der UdSSR und der Bundesrepublik gab. Diesmal sollte die DDR jedoch beteiligt werden:

MINISTERIUM FÜR STAATSSICHERHEIT

Berlin, den ....

4 ____ Blatt

Nr. 201 ___ / 84 ___   ____ Exemplar

INFORMATION
über

Vorstellungen der BRD-Regierung zum Projekt einer Eisenbahn-Fährverbindung
UdSSR - BRD

Zuverlässige Informationen aus zuständigen BRD-Regierungsgremien geben Aufschluß über die grundsätzlich positive Haltung der BRD-Regierung zum Projekt
des Baus einer Fährverbindung zwischen Klaipeda und einem Hafen in Schleswig-
Holstein (Kiel oder Lübeck). Eine solche Fährverbindung würde nach Auffassung
der Bundesregierung für die BRD ökonomische und politische Vorteile erbrin-
gen. Vorbereitende Materialien für einen Kabinetts-Beschluß der BRD-Regierung
enthalten die Festlegung, daß das BRD-Verkehrsministerium auf Anfragen der
Sowjetunion, etwa im Rahmen bilateraler Schiffahrtsgespräche, Gesprächsbereitschaft zu dieser Problematik erkennen lassen soll. Weiterhin wurde vorgeschlagen, die Durchführung dieses Projekts und den Fährbetrieb kommerziell zu betreiben sowie sicherzustellen, daß die sowjetische Seite Gemeinschaftsdienste
oder -unternehmen nicht majorisiert. Eine finanzielle Beteiligung der Bundesregierung wäre nur im Rahmen bestehender Wirtschaftsförderungsmaßnahmen möglich.

Im Einzelnen liegen folgende Überlegungen dieser Haltung zugrunde:
Zwischen den an der Erörterung des Projekts beteiligten BRD-Ministerien besteht Einvernehmen, daß das Fährprojekt aus Gründen der Verstärkung der wirtschaftlichen Kooperation mit der UdSSR und   "als Gegengewicht zur Polarisierung

Eine geheime Quelle
der DDR-Staatssicherheit
berichtete, was am Kabi-
nettstisch in Bonn über
die Verhandlungen mit der
Sowjetunion besprochen
wurde.

Im Jahr 2011 nahm
die 1989 gebaute
»Kaunas« (hier im Hafen
von Klaipeda) den Linien-
dienst zwischen Kiel und
Russland auf.

Das Transportvolumen auf der Verbindung würde nur ein halbes Schiff auslasten, das von der Linie Mukran – Klaipeda abgezogen werden könnte, heißt es in einer vom Ministerrat abgesegneten Direktive für die Verhandlungen mit der UdSSR vom 1. August 1988.[287] Die Sowjets hatten der DDR vorgeschlagen, für die Linie nach Westdeutschland die »Wismar« zu nutzen, die im selben Jahr aus der Flottenplanung für Mukran – Klaipeda gestrichen worden war.[288]

Grundsätzlich betrachtete die DDR in dieser Phase die Kontakte zwischen der BRD und der UdSSR entspannt. In einem Bericht für die wöchentliche Lagebesprechung bei Staatssicherheitsminister Erich Mielke schrieb ein Mitarbeiter seines Hauses im September 1988: »Nach Ansicht von Experten des DDR-Verkehrswesens seien aus der Errichtung

einer Fährverbindung UdSSR – BRD keine wirtschaftlichen Nachteile für die Effektivität der Fährverbindung Mukran – Klaipeda zu erwarten, da die beabsichtigte Verkehrsrelation ausschließlich der Abwicklung von Containertransporten zwischen Westeuropa und dem Fernen Osten (Japan) dienen soll.«[289]

Vier Wochen später meldete die Staatssicherheit der DDR-Führung, dass die UdSSR eine Vereinbarung mit der BRD beim Besuch von Bundeskanzler Helmut Kohl in Moskau im Herbst 1988 erwarten würde.[290] Die Hinweise auf eine Nutzung der »Wismar« hätten sich offenbar verdichtet, der Plan wurde laut Stasi im Ministerium für Hochseeschifffahrt der Sowjetunion weiterhin diskutiert.

Tatsächlich stand im Oktober 1988 das Thema bei den

Gesprächen von Bundeskanzler Helmut Kohl und Michail Gorbatschow dann auf der Tagesordnung.[291] Die westdeutsche Seite sei hauptsächlich am Transport von Containern interessiert gewesen, die über Klaipeda aufs sowjetische Schienennetz gelangen und nach Asien rollen sollten.[292] Für die DDR hätte die Umfahrung ihres Staatsgebietes einen Verlust von jährlich acht Millionen Rubel bedeutet, die sie sonst als Transitgebühren eingenommen hätte.[293] Eine Einbuße, die sich offenbar verschmerzen ließ, weil Ost-Berlin nun sogar die Chance witterte, dringend benötigte Devisen zu verdienen, falls Moskau und Bonn sich über die Fährlinie einig würden. Nach einem offiziellen Gespräch des sowjetischen Hochseeflottenministers Juri Wollmer mit Bundesverkehrsminister Jürgen Warnke im April 1989 schienen die Chancen dafür gut zu stehen. Würde die DDR ein Schiff für Charterfahrten bereitstellen, so rechnete man, ließe sich damit je Rundreise ein Erlös von 150 000 bis 200 000 D-Mark erzielen. Als zweitbeste Variante galt der Verkauf einer Fähre an die BRD für 30 bis 50 Millionen D-Mark.[294]

Drei Monate später kamen weitere Signale aus Moskau. Kaliningrad, das ehemals deutsche Königsberg, wurde als neuer Standort für den Hafen ins Gespräch gebracht, weil Klaipeda angeblich mit Umweltproblemen zu kämpfen hätte und die Anlagen dort ausgelastet seien.[295] Schon früher hatte Hochseeflottenminister Wollmer Organisationsmängel und bürokratische Schlamperei im litauischen Hafen kritisiert,[296] tatsächlich dürften auch andere Gründe dafür ausschlaggebend gewesen sein, dass sich die Sowjets zu dieser Zeit nach einer Alternative zu Mukran – Klaipeda umsahen. Die Litauer strebten nach Unabhängigkeit und reagierten zunehmend feindlich auf russische Einrichtungen, insbesondere im militärischen Bereich.

Glaubt man einem Bericht des sowjetischen Journalisten Nikita Sholkwer von der deutschsprachigen Zeitung *Neue Zeit*, dann reicht die Geschichte einer Eisenbahnfährverbindung zwischen der BRD und UdSSR noch weiter in die Vergangenheit zurück, als in den westlichen Medien dokumentiert. Sie soll schon in der Zeit der Entspannungspolitik der Regierung Willy Brandts ihren Anfang genommen haben. Sholkwer zitierte 1988 den Direktor der Lübecker Hafengesellschaft Ulrich von der Lippe: »Bereits Anfang der siebziger Jahre, lange vor der Geburt des Projekts Mukran – Klaipeda, haben wir über diese Idee mit Vertretern aus dem Seefahrtsministerium der UdSSR und der sowjetischen Handelsvertretung in Köln verhandelt. Es wurde sogar ein vorläufiges Projekt für sechs Fähren und einen großen Umschlagplatz ausgearbeitet. Die Verhandlungen wurden leider abgebrochen und alle Pläne landeten in der Schublade. Hierbei hatten zweifellos politische Faktoren eine negative Rolle gespielt.« Sholkwer selbst ergänzte weniger verklausuliert: »Das offizielle Bonn, ohne dessen Zustimmung das Projekt nicht realisiert werden konnte, gab kein grünes Licht und berief sich auf Sicherheitserwägungen. Fähren könnten angeblich auch Panzer transportieren.«[297]

Am Ende wurde aus allen Plänen nichts. Bis zum Zerfall der Sowjetunion 1991 ist keines der großangelegten Vorhaben umgesetzt worden. Das vorerst letzte Kapitel zum Thema »Breitspurfähren nach Schleswig-Holstein« präsentierte die *Ostsee-Zeitung* am 31. Januar 2003 unter der Überschrift »Breitspurpläne beunruhigen Sassnitzer – Kieler Hafen will russische Gleise legen«.[298] Ein Mitarbeiter der Kieler Seehafenbetriebe hatte von entsprechenden Plänen für den Ostuferhafen der schleswig-holsteinischen Landeshauptstadt berichtet. In Sassnitz beobachtete man die Vorgänge mit großer Sorge. Dort fürchtete man, die Position als einziger Breitspurbahnhof Westeuropas zu verlieren. Grundlos: Auch diese Kieler Gedankenspielerei wurde bis heute nicht realisiert.

ALARMIERENDE SIGNALE: PROBLEME IM FÄHRBETRIEB

Im September 1990 stauen sich im Fährhafen Mukran Waggons der Deutschen Reichsbahn, da sowjetische Breitspurwagen zur Übernahme bereitstehender Güter ausbleiben. Nur zwei der fünf Fähren sind zu dieser Zeit noch im Dienst.

Weit waren die Wege vom Zentralen Dienstgebäude und vom Ambulatorium (vorn) zu den Arbeitsplätzen auf dem Fährbahnhof.

Die Betriebsgaststätte »Vilnius« war rund um die Uhr geöffnet. Besonders die Arbeiter aus den Reparatur- und Instand-haltungsbereichen muss-ten weite Wege in Kauf nehmen, um zu ihrer Kantine zu gelangen. Heute wird das Gebäude nicht mehr genutzt.

Der Bau des Hafens und die Einrichtung der Fährver-bindung zwischen Mukran und Klaipeda wurden öffentlich als Beweis für die wirtschaftliche Stärke der DDR und als Symbol für die enge Verbindung der sozialistischen Bru-derstaaten gefeiert. Tatsächlich verlief der Arbeitsalltag im Hafen, auf dem Bahnhof und auf den Schiffen selten rei-bungslos. Die Zusammenarbeit mit der sowjetischen Seite gestaltete sich kompliziert, in vielen Bereichen kämpften die Beschäftigten mit technischen und organisatorischen Tücken.

Gleich nach der Eröffnung der Fährlinie sorgten die neuen Gabelstapler für erhebliche Schwierigkeiten beim Umschlag der Güter von Breit- auf Normalspurwagen: Die 100 aus Bulgarien gelieferten Fahrzeuge vom Typ »Balcan-

car« funktionierten höchst unzuverlässig, meldete die Stasi.[299] Manche seien bereits nach den ersten zwei Be-triebsstunden ausgefallen. Die technische Konstruktion sei unausgereift, hieß es in den Berichten. Als »Abhilfe« schaffte die DDR neue Gabelstapler aus dem Westen an, die zwar deutlich zuverlässiger funktionierten, aber so schwer wa-ren, dass einige durch die Holzböden der alten Eisenbahn-wagen sackten.[300]

Dass in Mukran effektives Arbeiten zuweilen schwierig war, hatte auch mit der Weitläufigkeit des Komplexes zu tun, erinnert sich der ehemalige Eisenbahnchef von Mu-kran, Rudi Dobbert. Wenn die Arbeiter an einem der Bus-bahnhöfe zum Schichtbeginn eintrafen, mussten sie sich zunächst auf den mindestens einen Kilometer langen Fuß-

Im Eingangsbereich des
Restaurants lässt sich
noch heute ein Fliesen-
mosaik des Berliner
Künstlers H.-D. Bartel
aus dem Jahr 1986
besichtigen.

Blick in einen der
Speisesäle.

Die Holztransporte aus der Sowjetunion waren bei den Arbeitern gefürchtet, weil die Ladung oft schlecht gesichert war. Die Aufnahme entstand im Oktober 1986 in Mukran.

weg ins zentrale Sozialgebäude am südwestlichen Ende des Fährkomplexes begeben, um sich dort umzuziehen. Von dort betrug der Weg zu manchen Arbeitsplätzen erneut mehrere Kilometer, die wiederum zu Fuß absolviert werden mussten. Erfolglos habe sich Dobbert dafür eingesetzt, dezentrale Gebäude zum Umkleiden errichten zu lassen, um die langen und zeitraubenden Wege zu vermeiden.

Weit war auch der Weg zum Essen in den Arbeitspausen. Zur zentralen Kantine »Vilnius« (Spitzname: »Fresswürfel«) am Nordwestrand des Fährkomplexes, in der 1600 Mitarbeiter gleichzeitig versorgt werden konnten und die rund um die Uhr Verpflegung anbot, war mancher Arbeiter erneut mehr als einen Kilometer unterwegs gewesen, berichtet Dobbert. Auch die Einrichtung zusätzlicher Versorgungsstellen auf dem Bahn- und Hafengelände löste das Problem nicht.

Die Schwierigkeiten hätten sich bei schlechtem Wetter verschärft, wenn die Arbeiter nach den langen Märschen durchnässt ihr Ziel erreichten, berichtet Dobbert. Angekommen im »Fresswürfel«, standen die Beschäftigten dann Schlange. Die Reichsbahndirektion Greifswald erwog zwischenzeitlich sogar, auf dem Gelände Busse einzusetzen. Das scheinbar profane Problem der langen Wege zum Mittagstisch beschäftigte nicht nur die Leiter vor Ort, sondern war bereits im November 1986 Gegenstand einer Besprechung beim DDR-Verkehrsminister. Von einer »totalen Ruhe von 12 bis 14.30 Uhr auf dem Bahnhof« war hier die Rede.[301] Zweieinhalb Stunden, die aus volkswirtschaftlicher Sicht als Verlustzeit galten.

Zeitzeugen berichten auch von komplizierten und entnervenden Arbeitsbedingungen in den Umschlaghallen, beispielsweise beim Entladen von Baumwolllieferungen. Diese waren in der Regel zuvor bei großer Hitze und geringer Luftfeuchtigkeit in den asiatischen Sowjetrepubliken in die Wagen geladen worden. Kam sie nach manchmal wochenlangen Fahrten im deutlich kühleren und feuchteren

Einfahrt in eine der Um-
schlaghallen. Hier wurde
die Ladung per Hand oder
mit Hilfe von Gabelstap-
lern von den Breitspur-
in Normalspurwaggons
geladen und umgekehrt.

Eine der Hallen von innen.
Defekte Gabelstapler,
verschweißte Waggons
oder gefährliche Baum-
wolle: Im Alltagsbetrieb
bereitete der Umschlag
der Güter oft Probleme.

In der Umachshalle im Nordwesten des Fähr-komplexes wurden die Güterwagen angehoben und mit Achsen für Breit- oder Normalspur ausgerüstet.

Mukran an, war die Wolle häufig aufgequollen und musste mühselig per Hand aus den Frachträumen gezerrt werden. Ebenfalls berüchtigt waren die Holztransporte. Sowjetische Arbeiter hatten die Wagen mit Brettern hoch beladen und mit Gurten gesichert. Sobald die Gurte gelockert wurden, rutschten die Bretter über die Wand des offenen Waggons seitwärts nach unten und drohten die Arbeiter in den Um-ladehallen am Bahnsteig zu erschlagen. Weil die Verrie-gelungen der Türen nicht selten defekt waren, hatten sich einige sowjetische Eisenbahner außerdem angewöhnt, nach dem Beladen der Waggons die Türen zuzuschweißen. In Mu-kran standen die Arbeiter nun vor dem Problem, an die Ware im Innenraum zu gelangen.

Alarmiert zeigte sich die Staatssicherheit, als es auf dem Fährbahnhof zu Auseinandersetzungen zwischen Gast-arbeitern und dem einheimischen Eisenbahn- und Hafenper-sonal kam. 1988 waren 186 Arbeiter aus Vietnam und 87 aus Mozambique im Hafen beschäftigt. »Die Arbeitskräfte aus Mozambique zeigen eine geringe Arbeitsmoral, lassen sich häufig unbegründet krankschreiben und sprechen stark dem Alkohol zu«, hieß es über die Gäste aus den Bru-derländern, die sich für unterbezahlt hielten. »Im Arbeits-prozeß kam es wiederholt zu Streit und Tätlichkeiten«, ver-merkte die Stasi in einem Lagebericht.[302]

In den überlieferten Dokumenten der Staatssicherheit ist außerdem nachzulesen, dass im Fährverkehr zwischen Mukran und Klaipeda auch viele andere Dinge nicht liefen wie geplant. In einem vertraulichen Gespräch mit einem MfS-Oberst am 23. Februar 1987 äußerte der Generaldirek-tor der Deutschen Seereederei, Artur Maul, seine Unzufrie-denheit.[303] Die »Mukran« sei nicht ausgelastet und fahre Verluste ein. Der Bau von sechs Fähren sei politisch und ökonomisch nicht vertretbar. Er habe sich zudem stets ge-gen das Eisenbahnfährprojekt ausgesprochen und sei davon

Vor den Umspurhallen liegen Achsen unterschiedlicher Spurweite für den Einsatz bereit.

ausgegangen, dass es beim Bau in erster Linie um militärische Aspekte gegangen sei, zitierte der Oberst den Reederei-Chef in einem Bericht an seinen Vorgesetzten bei der für die Aufklärung der Seewirtschaft zuständigen Hauptabteilung XIX. Selbst Militärtechnik könne man billiger per Container oder auf Ro-Ro-Schiffen transportieren, wie das Beispiel Großbritanniens während des Falkland-Krieges gegen Argentinien gezeigt habe. Der Nachschub der britischen Flotte sei ausschließlich mit Containern erfolgt. Seine Unterlagen über Transporte im Falkland-Krieg habe Maul auch in die UdSSR geschickt, an den Chef der Baltischen Seekriegsflotte, Admiral Hoffrin. Maul fand jedoch kein Gehör für seinen Vorschlag, den Bau der letzten drei Fähren auszusetzen. Niemand habe sich getraut, einen eigenen Vorschlag an das Politbüro heranzutragen und den Beschluss zum Bau von sechs Schiffen zu korrigieren, beklagte sich Maul.

Schon im Jahr nach Eröffnung der Fährverbindung war es zu Dissonanzen zwischen der sowjetischen und der deutschen Seite über die Auslastung der Schiffe gekommen, die bald auch den Ministerrat der DDR beschäftigten.[304] Der Stellvertreter von Verkehrsminister Otto Arndt, Heinz Rentner, berichtete nach einem Besuch in Moskau im Oktober 1987 von »erheblichen Abweichungen« vom Konzept für die Ex- und Importe über Mukran. Für Transporte in die DDR habe die Sowjetunion nur die Hälfte der vereinbarten Güter, nämlich 1,1 Millionen Tonnen, avisiert. In die Gegenrichtung habe man nur 312 000 Tonnen verschiffen wollen – nicht einmal ein Drittel der vereinbarten Menge. Verärgert habe Rentner außerdem zur Kenntnis nehmen müssen, dass die sowjetische Seite eine Auslastung von sechs Fähren in Frage stellte. Verkehrsminister Arndt informierte daraufhin den für Wirtschaftsfragen zuständigen ZK-Sekretär Günter Mittag.[305] Glaubt man seinem Schreiben, hat Rentner in Moskau scharf reagiert: »Mein Stellvertreter hat sich damit nicht einverstanden erklärt und entsprechend unserer Konzeption sofortige Aktivitäten der zuständigen sowjetischen Ministerien zur Sicherung der vollen Auslastung aller Eisenbahn-Güterfähren 1988 gefordert.«[306]

Im selben Jahr führten die Abstimmungsprobleme zu weiteren wechselseitigen Beschwerden zwischen den Bruderstaaten. Der Chef der Staatlichen Plankommission der DDR, Gerhard Schürer, beklagte sich, dass 80 Prozent der importierten Güter mit Kränen umgeschlagen werden müssten, obwohl dies nur für 25 Prozent vereinbart gewesen sei. Jetzt fehle es in Mukran an Personal für die Kranarbeiten, berichtete Schürer.[307] Die Sowjets konterten ihrerseits in einem Beschwerdebrief an Mittag, ihnen gehe in Mukran alles zu langsam.[308]

Die Inbetriebnahme der Fährverbindung fiel in eine Zeit, in der Gorbatschows Politik der Perestroika zu einem Umdenken führte: Nicht mehr der Staat mit seinen zentralistischen Strukturen sollte die Wirtschaft lenken, sondern die Betriebe sollten mehr Eigenständigkeit erhalten und nach marktwirtschaftlichen Prinzipien arbeiten. Ein Umbruch, der auch in Mukran zu spüren war. Bemerkenswert ist, dass die neuen Konflikte nicht mehr nur in den Konferenzzimmern der Funktionäre ausgetragen wurden, sondern auch Thema der Medienberichterstattung in der Sowjetunion wurden. Bis dato hatten Kritik und ergebnisoffene Analysen von Problemen nicht zum Programm der Zeitungen sozialistischer Staaten gezählt. Nun schienen andere Regeln zu gelten: Obwohl die Fährverbindung Mukran–Klaipeda als Musterprojekt der deutsch-sowjetischen Freundschaft gefeiert worden war, gab man die Konflikte zwischen den Partnern öffentlich zu, sodass die Probleme im Betriebsablauf für jedermann sichtbar wurden.

Für große Aufregung in der DDR sorgte zum Beispiel ein Bericht des Sonderkorrespondenten Nikita Sholkwer in der deutschsprachigen Moskauer Zeitschrift *Neue Zeit* aus dem Jahr 1987,[309] der wegen seiner Kritik an der Fährverbindung umgehend auf dem Schreibtisch des ZK-Sekretärs für Wirtschaftsfragen, Günter Mittag, gelandet sein soll. Gleich zu Beginn seiner Reportage beschrieb Sholkwer je-

nen Engpass, der auch den DDR-Planern seit geraumer Zeit Sorgen bereitete. Als älteste Strelasundquerung verband der Rügendamm Festland und Insel nur über einen eingleisigen Schienenstrang, der zudem regelmäßig unterbrochen wurde, um die Brücke für den Schiffsverkehr hochzuklappen. Eine leistungsfähige Schienenverbindung zum Fährhafen hatte sich der Reporter aus Moskau anders vorgestellt. Dass der Baustellendirektor Rudi Sickert von einem reibungslosen Ablauf beim Gütertransport und -umschlag sprach, mochte Sholkwer kaum glauben: »Den Optimismus von Rudi Sickert müsste man haben!«

Dessen Kritik an der staatlichen Eisenbahngesellschaft der Sowjetunion SZD war im Bericht ebenfalls nachzulesen: »Wenn die UdSSR für den Fährbetrieb mehr passende Wagen einsetzt, könnten wir davon mehr auf unsere Fahrgestelle umsetzen und damit kostbare Zeit sparen.« Die SZD habe häufig Wagen geschickt, die nicht umgespurt werden konnten und deren Inhalt aufwendig in die Reichsbahn-Fahrzeuge umgeladen werden musste. Ein enormer Arbeitsaufwand, da ein vierachsiger russischer Güterwagen fast doppelt soviel Ladung transportieren konnte wie das vergleichbare Reichsbahn-Modell. Zudem habe es bei den Waggons selbst logistische Mängel gegeben, wie die *Neue Zeit* berichtete: Die Wagen, mit denen die Sowjets Eisenerz oder Aluminium lieferten, seien nicht geeignet, in die Gegenrichtung Landmaschinen, Möbel oder Kinderwagen zu transportieren.

Die sowjetische Parteizeitung *Prawda* legte im selben Jahr öffentlich nach. »Ein alarmierendes Signal – Leerfahrten«, lautete die Überschrift eines Artikels vom 8. September 1987.[310] Die Litauische Seereederei warf der DDR und der sowjetischen Führung in dem Bericht vor, die gegenseitigen Vereinbarungen zu brechen, und sprach von einem chronischen Mangel an Exportfracht auf den Schiffen. Am 31. Dezember 1987 zitierte die *Prawda* in einem Bericht den Leiter des Fährbetriebes in Klaipeda, Vitautas Iusovic Vaicekauskas. Zwischen den zuständigen Ministerien der Staaten herrsche »keine Vertragsdisziplin«. Im Sommer seien einige Fahrten nur halb ausgelastet gewesen.[311]

Im November 1988 durfte ein Abteilungsleiter im sowjetischen Eisenbahnministerium öffentlich über die »alarmierenden Signale«[312] wettern, die auf ein Ansteigen der Kosten für den Fährbetrieb hindeuteten. Der Umweg über Klaipeda verlängere im Vergleich zur Direktroute durch Polen den Transport um 400 bis 800 Kilometer. Der Seetransport führe zu einem 16-tägigen Waggonumlauf. Außerdem rechnete er vor, dass die wachsende Zahl der Hafenarbeiter und Eisenbahner beim Seetransport jährlich mit mehreren 100 000 Rubeln zu Buche schlug. Die Umschlagarbeiten in Mukran seien wegen der unterschiedlichen Spurbreiten zu langwierig und zu kompliziert.

Die öffentliche Kritik trug jedoch nicht zur Lösung der genannten Probleme bei. Am 11. März 1989 zitierte das SED-Organ *Neues Deutschland* die sowjetische Regierungszeitung *Iswestija* mit den Worten »Ressortdenken bringt Verluste für Fährlinie Mukran – Klaipeda«.[313] Die Zeitung hatte bemängelt, dass die Zusammenarbeit zwischen Seeleuten, Eisenbahnern und Außenhandelsorganisationen nicht funktionierte. Erneut war von unzureichend ausgelasteten Schiffen und langen Liegezeiten die Rede. Desorganisation und Chaos herrschte laut *Iswestija* auch im Außenhandelsministerium. »Die monatlichen Beratungen der zuständigen Dienststellen zur Planung der Gütertransporte sind keine Hilfe«, hieß es in dem Artikel. Und weiter: »Das hat mit Vernunft nichts mehr zu tun.« Am Schluss stellte der Autor die Frage: »Wäre es also nicht an der Zeit, dass jeder Teilnehmer am Fährverkehr für seine Sünden nicht mit Versprechungen, die Arbeit zu verbessern, sondern mit Geld zahlt – so wie es überall in der Welt üblich ist?«

Zu Beginn des Jahres 1989 hatte sich das DDR-Verkehrsministerium bei der sowjetischen Botschaft beschwert, dass sich in Mukran ein Stau mit Zügen der Deutschen Reichsbahn gebildet hatten, weil die sowjetische Seite nicht genügend Breitspurwagen geschickt hätte, um alle Güter umladen und über die Ostsee bringen zu können.[314] Die Liegezeiten der Schiffe verlängerten sich immer mehr. Im Frühjahr und Sommer drohten umfangreiche Militärtransporte der sowjetischen Armee die Situation noch einmal zu verschärfen: Allein für Mai und Juni 1989 planten die Streitkräfte 89 Transporte mit 2047 Wagen nach Klaipeda.[315]

Die DDR musste jedoch feststellen, dass die Sowjetunion zu diesem Zeitpunkt bereits erste Auflösungserscheinungen

zeigte. Die zentralistische Organisation der Wirtschaft funktionierte nicht mehr. Als Mukran bereits verstopft war, schnitt Polen im September die zweite Exportader über Land ab und stoppte die Transitzüge Richtung Sowjetunion noch vor dem Übertritt aus der DDR aufs eigene Territorium. Damit wollte Polen Transportstaus im eigenen Land verhindern, da die UdSSR wiederum Züge aus Polen kaum noch hinein ließ. Tausende Güterwagen standen vor den Grenzen. Lebensmittel verdarben in den Waggons, während in Teilen der UdSSR die Versorgungsnöte immer größer wurden. Am 15. September wollten sich Vertreter der DDR, Polens und der UdSSR zu Beratungen in Warschau treffen. Doch die sowjetische Delegation reiste gar nicht erst an.[316]

Bald waren die Eisenbahnfähren nur noch zu 60 Prozent ausgelastet, die Reedereien stellten die »Mukran« und die »Klaipeda« vorübergehend außer Dienst.[317] Am 22. September kam kurzfristig doch noch eine Konferenz von Vertretern der DDR und der UdSSR zustande, bei der die sowjetische Seite »Sofortmaßnahmen« zusagte. Gleichzeitig wiesen die Abgesandten aus Moskau jedoch auf Streiks in ihrem Land und auf die Beanspruchung der Eisenbahnen durch die aktuelle Ernte hin.[318]

Auch die Stasi beschäftigte sich 1989 intensiv mit den Staus in Mukran und den Exportproblemen in die UdSSR.[319] In einem Quartalsbericht vom Oktober über den Fährverkehr heißt es, dass zu wenige Wagen aus der UdSSR in Mukran einträfen und damit nicht für Transporte zur Verfügung stünden, so dass die Exporte der DDR ins Stocken gerieten. Ursache sei der Prozess der Umgestaltung in der UdSSR mit einer wachsenden Eigenverantwortung sowjetischer Betriebe, der sich negativ auf den Warenaustausch auswirke.[320] Außerdem sei es durch Streiks in einigen Sowjetrepubliken zu Problemen beim Gütertransport gekommen. Um sich dennoch selbst halbwegs versorgen zu können, brauche die Sowjetunion ihre Waggons im eigenen Land.[321] Gleichzeitig nehme die wachsende Zahl an Militärtransporten der sowjetischen Streitkräfte über Mukran große Flächen in Beschlag. Technik und Soldaten der Westgruppe der Sowjetarmee würden nicht mehr wie vereinbart 20, sondern bis zu 50 Prozent der Fährkapazitäten belegen.[322]

Hunderte Wagen mit militärischer Ausrüstung stauten sich im Fährhafen. In den Unterkünften für die Begleitkommandos, die für 20 Personen gedacht waren, hausten nun zeitweise bis zu 80 sowjetische Soldaten. »Begünstigt durch den langen Aufenthalt im Fährkomplex kam es zu Diebstählen und zu unbegründetem Schußwaffengebrauch durch Angehörige der Westgruppe der Sowjetischen Streitkräfte«, heißt es in einem Bericht der Staatssicherheit.[323] »Das führte zu negativen Reaktionen der Beschäftigten im Fährkomplex, die sich durch Militär belagert vorkamen.«

Auch aus Sicherheitsgründen wurde das hohe Aufkommen an Rüstungsgütern am Fährhafen kritisiert, da die Munitionstransporte direkt neben einem Diesellager abgestellt worden seien.[324]

Selbst parallel geführte Gespräche des Präsidenten der Reichsbahndirektion Greifswald mit den sowjetischen Kollegen der Pribaltischen Eisenbahn in Klaipeda verliefen ergebnislos: »Es können keine Aussagen über die Verbesserung der Lage in der Waren- und Waggonzufuhr getroffen werden«, hatte die sowjetische Seite mitgeteilt und außerdem kurz und bündig klargestellt, dass sie die Pläne für eine sechste Fähre auf Eis gelegt hatte: »Nicht notwendig«, hieß es.[325]

Verkehrsminister Otto Arndt schickte angesichts der chaotischen Lage ein Fernschreiben an den Stabschef der sowjetischen Verbände in der DDR, Generalleutnant Waleri Fursin. Er sprach von »unvertretbaren Belastungen«. Dem Schreiben ist zu entnehmen, dass auf der sowjetischen Seite die Befehlskette nicht mehr funktionierte.

Zu weiteren Einbrüchen im Warenaustausch kam es, weil einige sowjetische Betriebe jene neuen Freiheiten einer begrenzten Autonomie nutzten, die ihnen im Prozess der Perestroika zugestanden worden waren. Viele einst staatlich verordnete Transporte gen DDR mit der Fähre entfielen, weil sich die Unternehmen wieder verstärkt für die Transitwege durch Polen interessierten.

1989 war das Jahr der großen politischen Veränderungen und Proteste in der DDR, die im Herbst in die »Friedliche Revolution« mündeten. Auch in Mukran verschafften die Kollegen ihrer Unzufriedenheit Luft. Mitarbeiter der Stasi, die eine Versammlung von Arbeitern mit den »Leitungskadern« des Fährkomplexes überwacht hatten, meldeten, in den Gesprächen sei es zunächst um »Mängel in der Arbeitsorganisation« und »schlechte Informationsflüsse« gegangen. Die mangelhafte Ausnutzung der Umschlagkapazitäten hatte wohl auch »zum Wegfall der Leistungszuschläge und zu Lohneinbußen der Schichtarbeiter« geführt.[326] Ende Oktober 1989 beklagte sich ein Schichtleiter aus dem Umschlagbereich, 95 Prozent seiner Kollegen würden während der Schicht herumsitzen, da sie keine Aufgaben hätten.[327]

Auch die politischen Entwicklungen seien thematisiert worden: »In einzelnen Meinungsäußerungen wurde darauf verwiesen, dass das Vertrauen zu Partei und Regierung angeschlagen sei und die gegenwärtig geplanten Maßnahmen zu spät kämen«, heißt es in dem Bericht der Hauptabteilung XIX des MfS.[328] Dieselbe Diensteinheit hatte bereits im Juni 1989 über Gespräche von aufgebrachten Beschäftigten mit der Führung informiert: »Damit verbunden trat wiederholt die Frage nach der Perspektive der sozialistischen Entwicklung in der DDR auf. Leitende und mittlere leitende Kader waren teilweise nicht in der Lage, auf diesbezügliche Fragen befriedigend zu reagieren.«[329]

Ganz andere Probleme meldete die Stasi-Bezirksverwaltung in Rostock am 20. Oktober 1989 an die Ministeriumsspitze nach Ost-Berlin. Zwei Tage zuvor habe ein betrunkener sowjetischer Soldat in Mukran eine Maschinenpistole mit zwei Magazinen und 60 Patronen einem Rangierleiter zum Kauf angeboten – 500 Mark habe er dafür verlangt.[330]

Mit Militärfahrzeugen
beladene Waggons im
Fährbahnhof Mukran.

EIN BLICK AUF DIE ANDERE SEITE: DER HAFENKOMPLEX VON KLAIPEDA

Luftaufnahme der Pier im
Hafen von Klaipeda.

Die Schiffe aus Mukran erreichten den Hafen von Klaipeda nach einer 273 Seemeilen und 20 Stunden langen Fahrt über die Ostsee. Das ehemalige Memel am Nordende des Kurischen Haffs gehörte zur Litauischen Sowjetrepublik, den Hafen hatten die Behörden wegen seiner strategischen Bedeutung weitgehend zum Sperrgebiet erklärt. Da er auch im Winter meist eisfrei bleibt, zählt Klaipeda noch heute zu den bedeutendsten Ostseehäfen.

Für den Fährverkehr hatten die Sowjets im ehemaligen Floßhafen[331] eine Gleisanlage mit Rampen errichtet, die mit denen in Mukran baugleich waren. Die jeweils 45 Meter langen Zwei-Etagen-Brücken für die Verladung der Züge waren in Dessau produziert und per Schlepper nach Litauen geschafft worden. Auch die gewaltigen Portale kamen auf dem Seeweg nach Klaipeda. Das Spezialschiff »Brocken« transportierte sie im November 1985 dorthin.

Die Liegeplätze für die Fähren wurden am 3. Oktober 1986 mit festlichem Zeremoniell eingeweiht, als die »Mukran« zum ersten Mal im Linienverkehr in Klaipeda eintraf.

Obwohl die Anlagen in Mukran und Klaipeda in weiten Teilen baugleich waren, unterschieden sich die nautischen Verhältnisse in den Häfen erheblich voneinander. Der Tiefwasserhafen von Mukran liegt am offenen Meer, in Klaipeda erreichten die Schiffe erst nach einer knapp einstündigen Revierfahrt durch den langgestreckten Hafen die Anlegestelle. Dort herrschten Bedingungen wie in einem Binnenhafen. Die Schiffsbewegungen vor dem Anlegen waren in Klaipeda und Mukran weitgehend identisch: Die Fähren fuhren in den Hafen hinein, wendeten vor der Pier und manövrierten rückwärts an den Liegeplatz heran.

Der Rangierbahnhof Draugyste liegt knapp zwei Kilometer vom Hafen entfernt und stand unter der Regie der Pribaltischen Eisenbahn, einem Ableger der sowjetischen Staatsbahn SZD. Anlagen zum Umladen oder Umspuren, wie sie mit großem Aufwand in Mukran errichtet worden waren, benötigte man hier nicht. In Klaipeda fuhr die Eisenbahn ausschließlich auf der heimischen Breitspur. In Draugyste wurden lediglich die Züge zusammengestellt.

Für die insgesamt 43 Kilometer langen Gleisanlagen zwischen dem Südrand der Stadt und dem Kurischen Haff hatten Bauarbeiter eigens eine einen Kilometer lange und

etwa 300 Meter breite Landzunge aufgeschüttet. Die Planungen sahen vor, dass im neuen Fährkomplex etwa 1000 Menschen arbeiten sollten.[332]

Zu den Innovationen der Verbindung zwischen Mukran und Klaipeda zählte der Einsatz eines für damalige Zeiten hochmodernen Computersystems mit Direktleitung zwischen beiden Häfen, das vom Zentralen Forschungsinstitut des Verkehrswesens in Leipzig ausgearbeitet worden war und 6,2 Millionen Mark gekostet hatte. Das »rechnergestützte Informationssystem im Fährkomplex Mukran« (RISMU) sollte in Mukran Vorbereitung, Durchführung und Abrechnung des Umschlages erleichtern und für die Disposition des gesamten Betriebes sorgen. Dazu gehörten auch der Fährbetrieb und das Umspuren der Bahnwagen von der russischen auf die europäische Spurweite oder umgekehrt.[333] Zugriff auf die Daten hatten die Reichsbahn, der VEB Kombinat Seeverkehr und Hafenwirtschaft sowie der Zoll, die Spedition VEB Deutrans und die Vertreter der UdSSR. Den Partnern in Klaipeda meldete RISMU, welche Güter auf dem Weg über die Ostsee waren und demnächst entladen werden mussten. Die Hafenchefs waren zusätzlich per Telefonstandleitung miteinander verbunden. Bei der Ausstattung hatten die Planer darauf zu achten, möglichst keine Technik aus dem »Nichtsozialistischen Wirtschaftsgebiet« (NSW) zu importieren und den Bedarf aus der eigenen Produktion zu decken. Bis auf den Datenfunk lieferte die DDR-Computerfabrik VEB Robotron die Komponenten, zu denen 50 Bildschirmterminals, vier Basisrechner und Drucker gehörten. »Die NSW-Unabhängigkeit der angeführten Gerätetechnik ist gewährleistet«, heißt es in einem Bericht vom September 1983.[334]

Die 200 000-Einwohner-Stadt Klaipeda gehört heute zu Litauen, das am 11. März 1990 seine Unabhängigkeit von der Sowjetunion erklärte. Von 1993 bis 2006 wurde der Hafen der Stadt vollständig modernisiert, er gilt heute als wichtigster maritimer Verkehrsknotenpunkt und bedeutender Wirtschaftsstandort des Landes. Im Rekordjahr 2008 liefen hier über 8300 Schiffe ein,[335] darunter regelmäßig auch die »Vilnius Seaways«, die als letzte der fünf alten Eisenbahnfähren bis heute auf der Strecke zwischen Mukran und Klaipeda im Einsatz ist.

Am 3. Oktober 1986
wurde in Klaipeda die
Eröffnung der Fährlinie
gefeiert.

Auftritt einer Volkstanz-
gruppe in litauischer
Tracht zur Ankunft der
ersten Fähre aus Mukran.

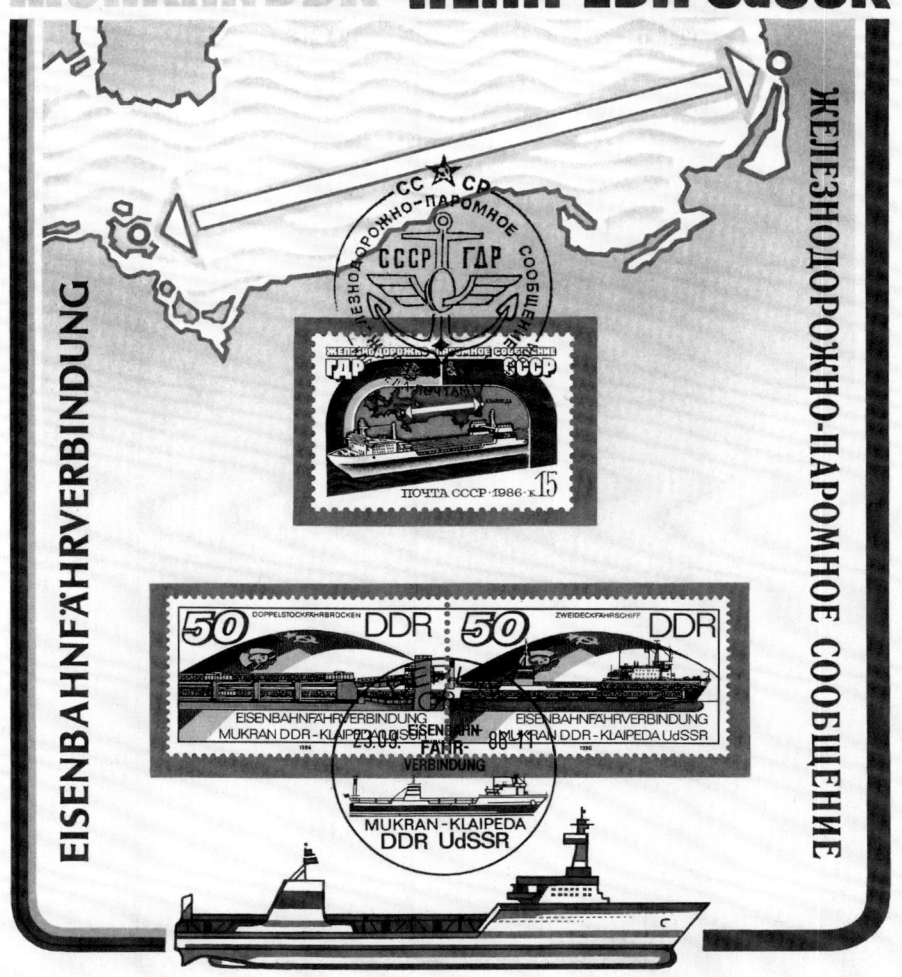

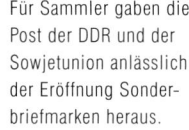

Für Sammler gaben die
Post der DDR und der
Sowjetunion anlässlich
der Eröffnung Sonder-
briefmarken heraus.

Leipziger Technologie im Hafen von Klaipeda: Dank des eigens entwickelten Computersystems RISMU sind die Mitarbeiter mit ihren Kollegen in Mukran direkt verbunden.

Die »Vilnius« ist noch heute im Liniendienst zwischen Klaipeda und Rügen unterwegs.

Die Anlegestelle in Klaipeda im Jahr 2010.

Die Zwei-Etagen-Brücken wurden in der DDR produziert und per Schlepper nach Klaipeda gebracht.

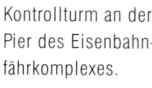

Kontrollturm an der
Pier des Eisenbahn-
fährkomplexes.

MUKRAN UND DER ABZUG
DER SOWJETISCHEN TRUPPEN

Reichsbahnmitarbeiter
beim Verladen von
Panzern der ehemaligen
Sowjetarmee zur Verschif-
fung nach Russland im
März 1992 in Jena.

Mit dem Erfolg der Friedlichen Revolution in der DDR und dem Zerfall der Sowjetunion änderten sich die Rahmenbedingungen für die sowjetischen Truppen im Land innerhalb weniger Monate. Der Zwei-plus-vier-Vertrag zwischen den vier alliierten Besatzungsmächten und den beiden deutschen Staaten legte am 12. September 1990 fest, dass die Truppen bis Ende 1994 Deutschland verlassen sollten. Ein deutsch-sowjetischer Truppenabzugsvertrag vom 12. Oktober 1990 regelte die Einzelheiten.[336] Der Abtransport von Waffen und Technik sollte laut Artikel IX der Anlage 1 insbesondere über die Fährlinie von Mukran nach Klaipeda erfolgen – jene Verbindung, die für militärische Transporte von Ost nach West konzipiert worden war, übernahm jetzt den Abzug in die Gegenrichtung.

Die Armee stand vor gewaltigen logistischen Herausforderungen: Die Westgruppe der Sowjetunion verfügte nach eigenen Angaben über 4116 Kampfpanzer, 7948 gepanzerte und 94 000 normale Fahrzeuge, 3578 Artilleriesysteme, 615 Hubschrauber, 623 Flugzeuge und 2,6 Millionen Tonnen Material. Hinzu kamen 546 200 Soldaten, Angestellte und Familienangehörige, die in Deutschland stationiert waren. »Im Januar 1991 begann die größte Truppenverlegung zu Friedenszeiten in der Geschichte des Militärwesens«, wie die Historiker Ilko-Sascha Kowalczuk und Stefan Wolle schreiben.[337]

Der Oberkommandierende der Gruppe der sowjetischen Streitkräfte in Deutschland, Generaloberst Matwej Burlakow, berichtet in seinen Memoiren von einer »beispiellosen Militäroperation«, die die sowjetischen Truppenverlegungen im Zweiten Weltkrieg und den Aufmarsch der alliierten Truppen im ersten Golfkrieg an Aufwand noch übertroffen habe.[338] Fast gleichzeitig erfolgte der Abzug der sowjetischen Truppen aus Polen (Nordgruppe), der ČSSR (Zentralgruppe) und aus Ungarn (Südgruppe). Insgesamt verließen in Europa damit etwa eine Million Soldaten ihre Standorte.

Der Abzug aus der ČSSR und Ungarn verlief aus Sicht der Sowjets reibungslos, zumal beide Staaten unmittelbar an die UdSSR grenzten. Die Verlegung der Truppen aus der DDR gestaltete sich komplizierter. Zunächst erwog die Armeeführung, 80 Prozent der Transporte auf dem Landweg abzuwickeln. Die meisten Wagen sollten durch Polen rollen.[339] Die Offiziere mussten jedoch feststellen, dass dieser Plan nicht funktionieren konnte. Die Verkehrswege dort seien in einem schlechten Zustand gewesen, schreibt Burlakow. Außerdem erhob das Land teure Gebühren für die Durchfahrtserlaubnis: 16 000 Dollar pro Zug, 180 Dollar für jedes Auto und eine Milliarde Dollar für die Rekonstruktion der Straßen und Schienenwege sollen die Polen von der Sowjetunion gefordert haben.[340] Die Gesamtkosten wären immens gewesen. Die Nutzung des Seewegs war die billigere Alternative.

Für Soldaten der Landstreitkräfte wie ihn habe die See etwas Beängstigendes ausgestrahlt, heißt es in Burlakows Memoiren. Er habe große Zweifel gehegt, ob ein Kontingent dieser Größenordnung tatsächlich über See transportiert werden könne. Erst im Dezember 1990 hatte er das Kommando über das sowjetische Militär in Deutschland übernommen. Als »Abzugsprofi« hatte man ihn mit Vorschusslorbeeren bedacht, da er schon in Ungarn den Abzug der Truppen geleitet hatte.[341] Nun musste er nicht nur eine geordnete Transportlogistik über See und Land auf die Beine stellen, sondern auch für Disziplin in der desorientierten Truppe sorgen. »Das Selbstwertgefühl der Soldaten ist erschüttert, und sie sehen in eine in jeder Hinsicht unsichere Zukunft«, schrieb Generalmajor Hartmut Foertsch, der als Beauftragter der Bundesregierung und Leiter des deutschen Verbindungskommandos zur Westgruppe der so-

LEBE WOHL DEUTSCHLAND!

Familienangehörige von
Offizieren der ehemaligen
Sowjetarmee vor der
Rückverlegung des letzten
Panzerbataillons aus Jena
im März 1992.

wjetischen Truppen deren Abzug mit koordinierte.[342] Dieb-stähle in den Kasernen, Disziplinlosigkeiten bis hin zu Desertionen waren an der Tagesordnung. Die Antwort der sowjetischen Militärführung lautete: »politisch-patriotische Erziehung« – ein anderes Wort für Führung mit harter Hand und die Durchsetzung strenger Sanktionen.[343]

Drei Hafenstädte kamen für den Abzug über See in Frage: Rostock, Wismar und vor allem Mukran. Für Rügen sprachen vor allem die Breitspurgleise, die an den anderen Standorten fehlten. Das Material konnte im Fährbahnhof auf die Wagen geladen und direkt über die Ostsee und Klai-peda zum Bestimmungsort in der UdSSR beziehungsweise Russland transportiert werden. 1990 hatte das Ministerium für Abrüstung und Verteidigung der DDR geprüft, ob sogar der komplette Abzug über Mukran hätte erfolgen können. Zwei Fähren im Dauereinsatz wären dafür notwendig gewe-sen, die Kosten hätten sich auf 750 Millionen D-Mark be-laufen.[344] Dieser Plan wurde zwar nicht umgesetzt, doch

nachdem die Bundesregierung am 6. Februar 1991 politische und finanzielle Unterstützung für den Seetransport zugesagt hatte,[345] entwickelte sich Mukran zum größten Umschlagplatz für den Abzug der Sowjetarmee: 43 Prozent des riesigen Materialbestandes verließen Deutschland über den Rügener Hafen.[346] Rostock sollte weitere zehn Prozent des Ladevolumens übernehmen. Dort mussten die Güter jedoch zunächst auf Ro-Ro-Schiffe geladen werden, die nach St. Petersburg oder nach Wyssozk an der Nordostküste des Finnischen Meerbusens fuhren. Hier begann das Prozedere erneut – diesmal vom Schiff auf die Breitspurwaggons. Der Aufwand war im Vergleich zum Umschlag in Mukran erheblich größer. Als die Rostocker Hafenbehörden unerwartet die Gebühren erhöhten, verlegten die Sowjets ihre Transporte zeitweise komplett von Rostock nach Wismar, bis die Preise wieder gesenkt wurden. [347]

Neben den Fähren und Ro-Ro-Schiffen nutzte die Armee vor allem Transitzüge durch Polen und die ČSSR sowie Flugzeuge für ihre Transporte. Die Luftwaffe startete von den Militärflugplätzen in Damgarten bei Rostock, Mahlwinkel bei Magdeburg, Sperenberg südlich von Berlin und Großenhain in Sachsen. Die Züge fuhren über Bad Schandau südlich von Dresden durch die ČSSR oder über Frankfurt (Oder) durch Polen nach Brest und von dort weiter in das Gebiet der früheren Sowjetunion.

In Mukran sorgte der Truppenabzug noch einmal für eine Belebung des Fährverkehrs, der 1990 mit dem Ende des Warenaustauschs zwischen der DDR und der Sowjetunion weitgehend zum Erliegen gekommen war. Das Transportvolumen war immens: »Mit dem Beginn des Truppenabzugs auf dem Seeweg begann für die Fähre (...) ein neues Leben«, schrieb Burlakow. »Ich sah die leuchtenden Gesichter der Deutschen, die die Fähre bedienten. Sie hatten wieder einen sicheren Arbeitsplatz.«[348]

Verladung von sowjetischen Panzern auf das Leningrader Ro-Ro-Schiff »Komponist Mussorgski« im September 1990 im Rostocker Hafen.

Burlakow hatte in Mukran und Rostock zentrale Umschlagpunkte mit Fachleuten eines Verladebataillons unter der Führung von zwei Fregattenkapitänen errichten lassen. Sogenannte Operativgruppen hatten den Auftrag, die Ladung in den Häfen vor Diebstahl und Sabotage zu schützen. Zwischenfälle in Klaipeda hatten die Truppe alarmiert. Auf einer Länge von zwölf Kilometern waren Züge mit Militärgütern ohne Überwachung geblieben. »Sturmtrupps« hätten sich dort bereichert, hieß es.[349]

Der Zeitplan sah vor, in den Jahren 1991 bis 1993 jeweils 30 Prozent des Kontingents abzuziehen, den Rest im Jahr 1994. Am Beginn des Abzuges stand der Transport der atomaren Munition. Mit der Genehmigung des deutschen Verkehrsministers Günther Krause verschiffte die Armee ihre brisante Ladung vollständig über Mukran. Bergungs- und Rettungstrupps, die bei Havarien eingreifen sollten, standen in ständiger Bereitschaft. Burlakow ließ sich kontinuierlich

über die Standorte der Züge und ihren Zustand informieren.[350] Bereits am 24. Juni 1991 sollen sich sämtliche Atomwaffen der Sowjetarmee, die zuvor in der DDR stationiert gewesen waren, wieder in der UdSSR befunden haben.[351]

Über Mukran verließen aber nicht nur Waffen, Fahrzeuge und Soldaten die DDR. Die Truppe hatte den Befehl erhalten, verwendbare Gegenstände aus ihren Garnisonen zu deinstallieren, soweit sie sich transportieren ließen – von der Kloschüssel über den Lichtschalter bis zum Laternenmast. »Ich fordere von den Kommandeuren, sorgsam mit materiellen Werten umzugehen und nach Möglichkeit alles mitzunehmen, weil man praktisch alles am neuen Stationierungsort in Russland gebrauchen könnte«, lautete die Anweisung des Oberkommandierenden.[352] Wenn das Material nicht dem eigenen Bedarf diene, könne es zum Tausch eingesetzt werden. Mittelfristig habe er sich vor allem darum gesorgt, den Truppenangehörigen und ihren Familien in der

Die Fähre »Kaunas« am 23. Oktober 1991 im Hafen von Mukran. Neben Rüstungsgütern hat sie auch Baumaterial für die Errichtung von Häusern an den neuen Standorten geladen.

Beladen mit sowjetischen Militärlastwagen und Material zum Bau von Fertighäusern trifft die »Vilnius« im Hafen von Klaipeda ein.

Angehörige einer russischen Ehrenformation vor der Fähre »Greifswald« bei den Feierlichkeiten zum letzten Truppentransport aus Mukran am 30. Juli 1994.

Heimat ein gutes Zuhause bieten zu können. Die meisten Verbände und Truppenteile zögen aus gut eingerichteten Garnisonen praktisch auf freies Feld.[353] Auch in den sowjetischen Einrichtungen von Mukran wurde eingepackt, was sich abbauen ließ.

Den Abzug finanzierte weitgehend die Bundesregierung. Sie stellte Mittel in Höhe von 15 Milliarden D-Mark zur Verfügung, die zur Hälfte in den Wohnungsbau für die Soldatenfamilien in der Heimat investiert wurden.[354] Material für 36 000 Wohnungen soll dabei über Mukran verschifft worden sein.[355]

Bereits im Dezember 1990 hatte die Bundesregierung 250 000 Tonnen Lebensmittel, Bedarfsgüter und Medikamente freigegeben, die aus der bis dahin für den Fall einer weiteren Blockade der Stadt eingelagerten Berlin-Reserve und aus Beständen der Bundeswehr stammten. Ein Teil der Güter wurde über die Militärflughäfen Sperenberg und

Brand ausgeflogen, für den Transport über Mukran stellte die UdSSR 200 Eisenbahnwagen bereit. 110 000 Tonnen humanitärer Güter wurden mit den Fähren verschifft.[356] In einem Abkommen sicherten die sowjetischen und deutschen Zollbehörden zu, die Abwicklung der Transporte »in einfachster Weise« zu gewährleisten.

Am 30. Juli 1994 verließen die letzten Soldaten den Hafen von Mukran mit der Fähre »Greifswald«. Eine feierliche Zeremonie begleitete den Abschied. In knapp vier Jahren hatten die Fähren bis zu diesem Tag 1560 Überfahrten geleistet. 57 000 Eisenbahnwaggons mit mehr als 1,3 Millionen Tonnen militärischen Geräts wurden verschifft.[357] Der Beauftragte für den deutsch-russischen Aufenthalts- und Abzugsvertrag der deutsch-russischen Kommission, Claus Jürgen Duisberg, konnte später feststellen: »Der Abzug wurde weitgehend nach Plan und mit großer Disziplin vollzogen.«[358]

EXKURS: KRIEG AUF RÜGEN!
DIE PLANUNGEN FÜR DEN ERNSTFALL

Eine Bronzeplastik des Bildhauers Gerhard Thieme von 1975 vor der Kaserne in Prora symbolisierte in Zeiten des Kalten Krieges die ständige Kampfbereitschaft der NVA. Heute steht sie im Armeemuseum Dresden.

Die Fährverbindung zwischen der DDR und der UdSSR mit dem Hafen Mukran gehörte für beide Länder zu den strategisch bedeutsamsten Verkehrswegen. Im Falle eines Krieges hätte die Verbindung eine wichtige Rolle für den Transport von Waffen und Truppen spielen sollen, so hatten es die Militärs vorgesehen. Daher dürften umfangreiche Pläne vorgelegen haben, wie die Häfen, Schiffe und Transportwege bei einer militärischen Auseinandersetzung mit der Nato genutzt worden wären. Die Quellenlage ist jedoch außerordentlich schwierig. Alle aussagekräftigen Dokumente der »Bruderarmeen« mussten nach Auflösung des Warschauer Paktes an Moskau zurückgegeben werden. Außerdem vernichtete die Führung der Nationalen Volksarmee der DDR in Absprache mit den Sowjets wichtige operativ-technische Unterlagen für »sensitive Technik« oder übergab sie dem sowjetischen Militär.[359]

Nur wenige Dokumente und Berichte von Zeitzeugen liefern Informationen darüber, was auf Rügen während eines Krieges geschehen wäre. Der Militärwissenschaftler und NVA-Oberst Siegfried Lautsch berichtet, dass die Nationale Volksarmee für die Verteidigung der Insel Rügen eine »Besondere Gruppierung« gebildet hätte. Sie hätte ihre Einheiten im Raum Putbus konzentrieren sollen, um die flachen Küstenabschnitte zwischen Mukran und Binz sowie zwischen Glowe und Juliusruh zu verteidigen.[360] Die Militärs der NVA und der Sowjetunion rechneten zudem damit, dass die amerikanische Marineinfanterie, unterstützt von See- und Luftlandeeinheiten, Rügen und andere Küstenstreifen attackieren würde.[361] Darüber hinaus hätte die »Besondere Gruppierung« taktische Luftlandungen des Feindes verhindern und den Fährhafen sowie den Rügendamm sichern sollen. Der Einsatz der Gruppierung wurde im Februar 1988 bei der Kommandostabsübung »Sewer-88« trainiert.[362]

Lautsch, der die operative Planung bei der fünften Armee mit Sitz in Neubrandenburg leitete, vermutet, dass auch polnische Luftlandeeinheiten die NVA auf Rügen hätten unterstützen sollen. Um Angriffe von der Seeseite abzuwehren, wäre der Hafen mit Unterstützung der polnischen Seekriegsflotte und der baltischen Flotte der UdSSR blockiert worden. Sie bildeten gemeinsam mit der Volksmarine die »Verbündeten Ostseeflotten«, die im Kriegsfall als »Vereinte Ostseeflotte« gekämpft hätten.

Das Kommando über die »Besondere Gruppierung« hätte der Leiter der Offiziershochschule »Otto Winzer« in Prora mit seinen Offizieren und dem Personal der benachbarten militärtechnischen Schule »Erich Habersaath« übernommen.[363] Die Einrichtung war als Lehr- und Ausbildungsbasis für 550 ausländische Militärkader 1981 gegründet worden. Für den Ernstfall lag ein »Plan der Überführung der Offiziershochschule Otto Winzer vom Friedens- in den Kriegszustand« vor.[364] Mitglieder der Offiziershochschule, der benachbarten militärtechnischen Schule sowie Teile des Pionierbaubataillons hätten gemeinsam die 3000 bis 4000 Mann der »Besonderen Gruppierung« geführt.

»Eine zusammengewürfelte Truppe«, sagt Generalleutnant a. D. Artur Seefeldt, der die Schule vom 1. November 1986 bis zum 30. September 1990 leitete. Als Material standen Panzer, Geschütze und Lastwagen zur Verfügung, die im Alltagsbetrieb als Lehrfahrzeuge dienten oder eingelagert waren. 1987 hätte die Schule zehn Artilleriegeschütze, sieben Panzer, einige Lastwagen und ein Flugabwehrgeschütz für den Kampf um Rügen bereitstellen können.[365] Knapp 240 Mann hätten zur Verfügung gestanden, die Hälfte davon waren Offiziere.[366]

Der Marine wäre die Aufgabe zugefallen, die Bucht vor Sassnitz abzuriegeln. Für die Luftabwehr waren die Flugabwehreinheiten in Neuenkirchen und Dranske zuständig. Sie sollten Angriffe auf Mukran verhindern.

Pläne aus dem Juni 1989 sahen zudem vor, dass Seestreitkräfte die Prorer Wiek südlich von Mukran verminen sollten. Nördlich des Hafens wären Grenztruppen, Volksmarine und Luftverteidigung massiv verstärkt worden, um den Küstenabschnitt zwischen Glowe und Kap Arkona zu sichern.[367]

In dem Überführungsplan der Offiziershochschule »Otto Winzer« vom Friedens- in den Kriegszustand aus dem Jahr 1987 war vorgesehen, dass sich bei Auslösung der Gefechtsbereitschaft »während der Dienstzeit« der Kommandeur und seine Offiziere binnen 20 Minuten in ihren Arbeitszimmern einzufinden hatten. Außerhalb der Dienstzeit hätte zunächst der diensthabende Offizier bis zum Eintref-

Der schmale Rügendamm verbindet seit 1937 bei Stralsund die Insel mit dem Festland. Die Militärs hielten ihn für äußerst verwundbar. Im Jahr 2007 wurde hier die moderne Rügenbrücke als zweite Strelasundquerung eröffnet.

fen des Chefs das Kommando übernehmen sollen. An zentral gelegenen Punkten der Insel sollten Lastwagen bereitstehen, um die Soldaten in die Kaserne nach Prora zu fahren. Derlei Einzelheiten waren penibel geregelt, allerdings nur bis zur »vollen Gefechtsbereitschaft/Kriegsgefahr«. Danach wären »Maßnahmen nach besonderer Weisung« erfolgt. Die Schule wäre aufgelöst worden, die Offiziere und ihre Schüler wären zu den Einheiten der Gruppierung gestoßen.[368]

Die militärischen Stäbe hatten auch einen Plan entwickelt, was bei einer unmittelbaren Bedrohung oder Zerstörung der großen Häfen wie Mukran hätte geschehen sollen: In diesem Falle wären an der Küste »Zeitweilige Umschlagräume« gebildet worden, um den Transport von Truppen und Material sicherzustellen. Dafür waren kleinere Häfen vorgesehen, in denen Truppenunterkünfte, Lagerkapazitäten und Eisenbahnanschlüsse vorbereitet werden sollen.[369]

Die militärische Führung hätte im Ernstfall zudem eine größere Zahl ziviler Schiffe unter ihr Kommando gestellt, zu denen mit hoher Wahrscheinlichkeit auch die Mukran-Fähren gehört hätten. In einer »Geheimen Kommandosache« der NVA aus dem Sommer 1986 heißt es, dass insgesamt 140 Zivilschiffe, darunter vier Eisenbahnfähren und zwölf Prahme, in die Mobilmachungspläne aufgenommen worden seien und damit in die Volksmarine eingegliedert worden wären.[370]

Der Kapitän des Fährschiffes »Mukran«, Gerhard Thiemann, geht davon aus, dass der Hafen wegen seiner Bedeutung für den Nachschub eines der ersten Ziele bei einem militärischen Schlagabtausch gewesen wäre. Die Fährlinie sei verwundbar gewesen, da die Schiffe auf die Anlagen in Mukran und Klaipeda angewiesen gewesen seien und in anderen Häfen nur begrenzt oder gar nicht hätten eingesetzt werden können.

Auch die Besatzungen der Fähren selbst sollten gegen Angriffe gewappnet sein. Wie die meisten DDR-Schiffe, die seit den siebziger Jahren gebaut wurden, waren die Aufbauten der Fähren so konstruiert, dass sie luftdicht abgeschlossen werden konnten, um die Mannschaft vor Kampfstoffen oder radioaktiver Verseuchung zu schützen. Die Versorgung mit Frischluft wäre über Filtersysteme erfolgt. »Geübt haben wir den Ernstfall nie«, sagt Thiemann. Zum Glück ist er nie eingetreten.

Raketenstart von einem
Schnellboot der NVA
während einer Übung
auf der Ostsee.

MUKRAN HEUTE

Ganz oben unter dem Dach steht der Gruß eines Sowjetsoldaten aus der sibirischen Altai-Region. »Hallo Landsleute!« hat er auf Russisch in die gekalkte Wand geritzt. Ein paar Zentimeter weiter schrieb ein Soldat namens Wasjok aus der Stadt Ufa »DMB 92« in das Wartehäuschen auf dem Bahnhof von Mukran auf Rügen. Für Wasjok war es mit Sicherheit ein Tag der Freude: Die Abkürzung DMB steht für »Demobilisazija«, das Ende des zweijährigen Wehrdienstes in der sowjetischen beziehungsweise russischen Armee.

Züge halten an der kleinen Haltestelle nicht mehr, in der Soldaten aus der gesamten Sowjetunion ihre kurzen Botschaften hinterließen. An der Wand hängt noch ein Fahrplan der DDR-Reichsbahn. Die Spalten mit den Abfahrtzeiten und den Zielbahnhöfen sind leer. Davor erobert die Natur den Bahnsteig. Gräser durchbrechen den Beton. Auch das schwarz-weiße Schild mit der Aufschrift Mukran-Mitte stammt noch aus DDR-Zeiten. Zu Beginn der neunziger Jahre war dies die letzte Station Tausender sowjetischer Soldaten, bevor die Züge zum nahen Hafen und auf die Eisenbahnfähren in Richtung Osten rollten.

Nach dem Ende der DDR und der UdSSR brach der Verkehr auf der Fährlinie weitgehend zusammen, lediglich der Abzug der sowjetischen Armee brachte noch einen kurzen Aufschwung. Große Träume wie beispielsweise 1991 der Bau einer Dependance der Meyer-Werft Papenburg in Mukran erfüllten sich nicht. 1200 Arbeitsplätze wollte das Unternehmen auf einer 60 Hektar großen künstlichen Insel schaffen.[371] Im Juni 1992 verzichtete man jedoch auf die Realisierung des umstrittenen Projekts.[372] Zur Entscheidung des Werft-Chefs Bernard Meyer dürften die massiven Proteste von Umweltschützern beigetragen haben. Im selben Jahr übernahmen die Stadt Sassnitz und das Land Mecklenburg-Vorpommern von der Deutschen Seereederei Rostock den Hafen.[373]

In den fünf Jahren seit der Eröffnung hatten die Fähren insgesamt 9,04 Millionen Tonnen Güter befördert.[374] 1989 waren es noch drei Millionen Tonnen gewesen, 1991 nur noch 1,35 Millionen. Der Verkehr verlagerte sich zunehmend von Eisenbahnwagen auf Lastwagen und Trailer.[375]

Heute kommen manchmal Eisenbahnfreunde, die an Wochenenden mit der Digitalkamera Reichsbahn-Nostalgie

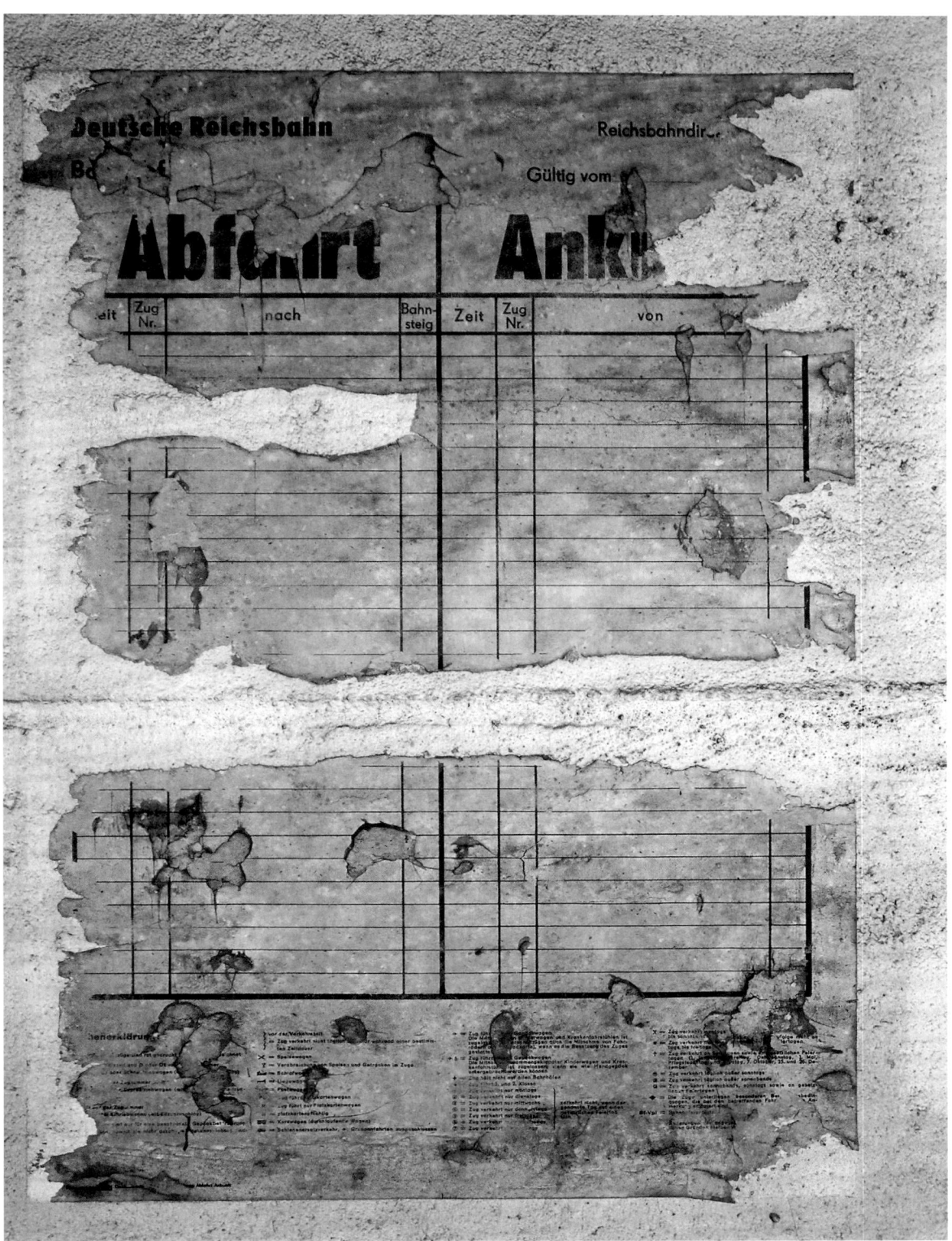

Die verwitterten Reste eines Reichsbahn-Fahr-planes am ehemaligen Personenbahnhof.

festhalten. Sie treffen nur selten Rangierer und Arbeiter zwischen den Stellwerken, Betonstraßen und Gleisen. Die meisten der großen Hallen mit den Breitspur- und Normalspurgleisen, in denen die Güter umgeladen wurden, sind abgeschlossen. Sie tragen noch immer den typisch gelblichbräunlichen DDR-Anstrich. In der früheren Hafenkantine »Vilnius« und den großen Verwaltungsgebäuden hängen noch die Gardinen an den Fenstern. Die Gleise unter den Kränen nutzt die Deutsche Bahn als Parkplatz für eine Flotte von ausgemusterten Lokomotiven der Reichsbahn. »Ludmilla« und »Taigatrommeln« heißen die Modelle im Volksmund, die unter freiem Himmel vor sich hin rosten. Die Loks zu verschrotten wäre teuer.

Gegenüber vom Wartehäuschen Mukran-Mitte verrottet die Baracke, in der einst die sowjetische Armee ihre Transporte abwickelte. »Die Russen wurden auf dem Fährkomplex ein bisschen außerhalb untergebracht«, sagt ein ehemaliger Hafenmitarbeiter. »Das war politisch so gewollt.« Die Fenster fehlen. Jede Steckdose, jeder Wasserhahn, jede Kloschlüssel – die Soldaten haben alles Brauchbare mit nach Hause genommen. Seitdem scheint niemand mehr die Baracke betreten zu haben.

Einen Teil der alten Gebäude auf dem Güterbahnhof hat das internationale Konsortium Nord Stream abreißen lassen. Die Flächen nutzte das Unternehmen für die Lagerung und Bearbeitung der bei der Installation der 1224 Kilometer langen Unterwasserpipeline verbauten Rohre, durch die seit Herbst 2011 am Grund der Ostsee jährlich etwa 55 Milliarden Kubikmeter Erdgas von Russland nach Deutschland strömen. 500 Meter vom Passagierterminal entfernt wurden die 12,5 Meter langen Rohre mit Beton ummantelt und anschließend zur Verlegung verschifft. Etwa 70 Häfen hatte

Blick aus einem Speise-
raum der alten Gaststätte.
Das Gelände davor dient
zu großen Teilen als Lager-
fläche für ausgemusterte
Loks.

Türen und Fenster
der Betriebsgaststätte
»Vilnius« sind seit
Jahren verriegelt,
zwischen den Platten
auf dem Vorplatz
sprießen die Gräser.

In den einst geheimen Truppentransporträumen unter den Decks der »Vilnius« befindet sich heute eine Sporthalle mit Basketballfeld.

Die Umachshalle in Mukran wurde modernisiert und ist weiterhin in Betrieb.

Nord Stream auf ihre Tauglichkeit für das Projekt untersucht und sich schließlich für Mukran und das finnische Kotka als Standorte entschieden.[376] Im Oktober 2011 brachte ein Zug die letzten Rohre des nordrhein-westfälischen Herstellers Europipe nach Rügen.[377] Auch die Zukunft des Ummantelungswerkes und der 200 Beschäftigten ist offen. Im November 2011 haben die ersten 58 Arbeiter ihre Kündigung erhalten.[378]

Während auf dem Güterbahnhof die alten Anlagen langsam vor sich hin rotten, wurde dem angrenzenden Hafen eine grundlegende Modernisierung verpasst. Wo früher ausschließlich die Schiffe in die UdSSR ablegten, befindet sich heute einer der größten Ostseehäfen Deutschlands mit Verbindungen nach Skandinavien und ins Baltikum. 1998 wurde der neue Fährterminal in Betrieb genommen und der Schwedenverkehr nach Trelleborg, die traditionsreiche Königslinie, vom Sassnitzer Stadthafen hierher verlegt.

Von der einst mehr als einen Kilometer langen Nordmole ist nur noch ein Rest übrig geblieben. Aufschüttungen für neue Flächen lassen den Hafen immer weiter ins Meer hineinwachsen. Bis zu 5,5 Millionen Tonnen Güter werden hier jährlich umgeschlagen. Der Fährhafen Sassnitz, wie die Anlage heute heißt, wirbt mit seiner günstigen Lage als Tiefwasserhafen direkt an der offenen See, den kurzen Verbindungen nach Skandinavien und Russland und einer leistungsfähigen Schienenanbindung – noch immer ist Sassnitz der einzige Hafen Westeuropas mit Breitspuranschluss.

Auf den Gleisen sollen künftig wieder verstärkt Eisenbahnwagen auf die russische Breitspur umgerüstet und verschifft werden, so hat es Hafenchef Harm Sievers angekündigt.[379] Für den Betrieb auf den Breitspurgleisen hat der Fährhafen Sassnitz-Mukran die Hafenbahn Baltic Port Rail Mukran gegründet, die die Anlagen von der Deutschen Bahn übernommen hat und über ein Gleisnetz mit einer Länge von 22 Kilometern verfügt.[380] Für den Umschlag der Güter im Hafen stehen heute fünf Terminals bereit, darunter die Umspurhalle, die von der Deutschen Bahn betrieben wird.

Die Betreibergesellschaft will das Gelände als Standort für Logistik und Industrie etablieren und die freien Flächen in der Umgebung neu bebauen. Bisher haben sich dort neben dem Rohrummantelungswerk auch Logistikfirmen, Kleingewerbe und ein fischverarbeitender Betrieb angesiedelt. Die Zukunftspläne sind ambitioniert: Bald soll Mukran Basishafen und Drehscheibe für Offshore-Windkraftanlagen in der Ostsee werden. 32 Kilometer nördlich von Rügen ist der Windpark Baltic 2 geplant. Die 80 Windkraftanlagen sollen auf einer neuen, 60 000 Quadratmeter großen Hafenfläche ab 2012 gelagert, vormontiert und auf Installationsschiffe verladen werden. Darüber hinaus hat der Fährhafen einen neuen, 205 Meter langen Liegeplatz geschaffen, der eine Umschlagfläche von 10 000 Quadratmetern bietet.[381] Der südliche Hafenbereich wird erweitert, um weitere Kapazitäten für die Offshore-Technologie zu schaffen.

Der Fährhafen Sassnitz ist nach Rostock der zweitgrößte in Mecklenburg-Vorpommern. Ob er in Zukunft seine Bedeutung für den Skandinavienverkehr behalten wird, ist heute ungewiss. Die Wirtschaftsförderungsgesellschaft Oslo Teknopol prüft Pläne eines norwegischen Unternehmens für den Bau eines 97 Kilometer langen Schnellbahntunnels von Malmö nach Stralsund, der Investitionen von mindestens 20 Milliarden Euro erfordert. Würde das phantastisch anmutende Projekt umgesetzt, wäre Skandinavien über diese Linie direkt mit der Verkehrsachse Berlin – Prag – Wien verbunden. Der Tunnel wäre zudem der mit Abstand längste der Welt.[382] Wie einst der Hafenbau von Mukran wäre das Vorhaben eines der größten Verkehrsprojekte im gesamten Ostseeraum.

Seit Mitte der neunziger Jahre wird zunehmend auch Personenverkehr über den Hafen Mukran abgewickelt. Selbst die Fährschiffe der traditionellen Königslinie Sassnitz – Trelleborg starten seit 1998 hier ihre Fahrten über die Ostsee.

Seit Eröffnung des
Hafens markiert
ein kleiner Leuchtturm
die Spitze der Nordmole.

Heute heißt der einstige
Komplex in Mukran
offiziell »Fährhafen
Sassnitz«. Der Passagier-
verkehr ins Baltikum und
nach Skandinavien wird
über einen modernen
Terminal abgewickelt, der
1998 eröffnet wurde.

SCHLUSSBETRACHTUNG

Mit dem Aufbau der Fährverbindung von Mukran nach Klaipeda war der DDR eine Meisterleistung gelungen: Die größten Eisenbahnfähren der Welt waren »Made in GDR«. Leistungsfähig, schnell und mit moderner Technik ausgestattet, hatten sie selbst im Westen für Aufmerksamkeit gesorgt. In technischer Hinsicht, das belegen die historischen Quellen, funktionierten die Abläufe in den Häfen und Zweideck-Schiffen. Probleme im Alltagsbetrieb der Eisenbahngüterfähren waren vor allem auf die organisatorischen Schwächen der Planwirtschaft zurückzuführen. Zudem war das Handeln jener Staaten, die sich gegenseitig stets als Freunde und Bruderländer priesen, in der Realität oft von nationalen Egoismen geleitet. Die unzuverlässige Bereitstellung von Breitspurwagen aus der Sowjetunion oder die schlampige Beladung der Waggons mit zivilen Handelsgütern stehen exemplarisch für solche Schwierigkeiten.

Doch Mukran kann aus heutiger Sicht kaum als rundum gelungenes Projekt im friedlichen Wettstreit der Systeme gelten. Am Beispiel der stets neu aufflammenden Konflikte zwischen der DDR und der Sowjetunion – von der Planungsphase bis zu den historischen Umbrüchen Ende der achtziger Jahre – lässt sich ablesen, wie das wirtschaftliche Handeln in der DDR immer auch von militärstrategischen Überlegungen geprägt war. Offiziell als Transportschiffe für den zivilen Außenhandel zwischen der DDR und der Sowjetunion konzipiert, musste von Beginn an die geheime militärische Nutzung der Fähren in die Planungen einbezogen werden. Die unsichere politische Lage in Polen bedenkend, hatte vor allem die sowjetische Führung darauf gedrängt, Schiffe und Hafenanlagen für den Transport von Soldaten und Kriegsgerät auszustatten, um die strategisch wichtigen Militärverbände an der Westgrenze des Warschauer Paktes jederzeit problemlos versorgen zu können.

Die Linie von Mukran nach Klaipeda war somit mehr als eine Handelsroute über die Ostsee. Sie diente der Sicherstellung von militärischen Lieferungen an die sowjetischen Truppen in der DDR und dem Transport von Soldaten in beide Richtungen. Nicht zuletzt war sie wichtiger Bestandteil der militärischen Planungen in Zeiten des Kalten Krieges für den Fall eines militärischen Ernstfalls.

Die Geschichte von Mukran ist zudem eng verknüpft mit dem Schicksal Hunderter Bausoldaten, die hier unter widrigsten Bedingungen als billige Arbeitskräfte Schwerstarbeit leisten und sich dabei in den Dienst eines Staates stellen mussten, dessen Ideologie die meisten von ihnen ablehnten – eine Erfahrung, die einige traumatisierte und viele in ihrer oppositionellen Haltung gegenüber der DDR-Regierung bestärkte. Prora, wo die Bausoldaten untergebracht waren, entwickelte sich so zu einer der Keimzellen der Friedlichen Revolution.

Eine für die DDR charakteristische Konsequenz sowohl des Einsatzes von Verweigerern des Wehrdienstes mit der Waffe auf der Baustelle als auch der militärischen Nutzung der neuen Fährverbindung bestand darin, die gesamte Anlage intensiv zu überwachen, um sie gegen jede Art »feindlicher Angriffe« zu verteidigen, wie es im Jargon des Ministeriums für Staatssicherheit hieß. Auf Geheiß Erich Mielkes sollten 4000 Menschen – Hafenpersonal, Eisenbahner, Arbeiter, Soldaten, Schiffsbesatzungen und Anwohner – »lückenlos aufgeklärt« werden.

Mit dem Ende der zentralstaatlichen Planwirtschaft war auch das Ende dieses Regierungsprojektes gekommen, dessen Dimensionen politisch begründet waren und in der freien Marktwirtschaft nicht benötigt wurden. Wenn der Hafen heute eine neue Funktion hat und das einstige Sperrgebiet frei zugänglich ist, sollte nicht vergessen werden, dass die weitläufigen Anlagen bei Mukran mit einer ganz besonderen Geschichte verbunden sind.

ANHANG

DATEN UND FAKTEN

Die Bauarbeiten

Ca. 3500 Bauarbeiter wurden eingesetzt, 1200 neue Wohnungen eigens für Arbeiter neu errichtet.
Vier Millionen Kubikmeter Erde wurden bewegt, zwei Millionen Kubikmeter Seegrund ausgebaggert.

Der Fährkomplex in Mukran

65,5 Kilometer Gleise Normalspur (1435 mm),
29 km Breitspur (1520 mm), 4,2 km Gemischtspur,
375 Weichen.
Vier Stellwerke in zwei Gebäuden.
Fingerpier: 216,5 Meter lang und 28,5 Meter breit.
Wassertiefe am Anleger: 10,5 Meter.

2050 Beschäftigte, davon 1576 Eisenbahner im Jahr 1990, in der Endausbaustufe sollten es 3000 sein.
100 bis 150 Sowjetbürger, außerdem Gastarbeiter aus Vietnam und Mozambique.
Täglicher Transport mit 30 Bussen und acht Sonderzügen zu den drei Personenbahnhöfen im Fährkomplex.

Investitionen: Ca. 2,3 Milliarden DDR-Mark, davon 146 Millionen für die Erweiterung der Mathias-Thesen-Werft in Wismar.

Die Verbindung Mukran – Klaipeda

Entfernung der Häfen: 506 km (273 Seemeilen).
Geplante Fahrzeit: 18 bis 20 Stunden.
Geplante Hafenliegezeit: vier Stunden.
Geplante Umlaufzeit: 48 Stunden.
Geplante Transportkapazität: 5,4 Millionen Tonnen pro Jahr.
75 Prozent mussten zwischen Breitspur- und Normalspur umgeladen werden, 25 Prozent der Wagen wurden laut Plan umgespurt.

Die Schiffe

»Mukran« (Indienststellung am 27. Juni 1986)
»Klaipeda« (27. Juni 1987)
»Vilnius« (30. Oktober 1987)
»Greifswald« (25. November 1988)
»Kaunas« (20. Oktober 1989)
»Wismar« (nicht gebaut)

Maße:
Länge: ca. 190,5 Meter.
Breite: ca. 28 Meter.
Vermessung: ca. 22 000 BRT.

Kapazitäten für 103 russische oder 128 deutsche Wagen (umgespurt) auf zwei Ladedecks,
ca. 1500 Meter Breitspurgleise,
zwölf Passagiere und 42 Mann Besatzung.
Tragfähigkeit: 11 700 tdw.
Geschwindigkeit: 17 Knoten (31 km/h).
Antrieb: 4 x 3600 PS.
Tiefgang in Spezifikationsladefall
(103 Waggons à 70 t): 6,80 m.
Aktionsreichweite: 2200 Seemeilen (ca. 4074 Kilometer).

ANMERKUNGEN

1 Armin Wagner; Matthias Uhl: BND contra Sowjetarmee. Westdeutsche Militärspionage in der DDR, Berlin 2007, S. 131.
2 Matthias Rogg: Armee des Volkes? Militär und Gesellschaft in der DDR, Berlin 2008, S. 437.
3 Günther Meier: Neue Bahnfähre über die Ostsee, in: Eisenbahntechnische Rundschau, 11/1986, S. 773.
4 BArch, SAPMO, DY 30/2919 (Büro Günter Mittag).
5 Rogg: Armee des Volkes?, S. 472.
6 BStU, MfS, Abt. X, 1166.
7 Angaben von Zeitzeuge Rudi Dobbert.
8 Eisenbahn-Fährverkehr Mukran – Klaipeda, in: Hansa, Schiffahrt – Schiffbau – Hafen, 5/1987, S. 227 ff.; Otto Bönisch; Harry Wenzel; Joachim Stübner: DSR-Lines. Die Deutsche Seereederei Rostock, Hamburg 1996, S. 131 ff.
9 Thoma: Neue Fährlinie zwischen DDR und UdSSR ab 1986, in: Eisenbahntechnische Rundschau, 5/1984, S. 468.
10 Bruno Bock: Mukran – Klaipeda, in: Schiffahrt international, 11/1986, S. 420 ff.
11 BArch, SAPMO, DY 30/J IV 2/2 1949.
12 BStU, MfS, BV Rostock, Abt. XIX, 157.
13 Eisenbahn-Fährverkehr Mukran – Klaipeda, in: Hansa, Schiffahrt – Schiffbau – Hafen, 5/1987, S. 227 ff.
14 BStU, MfS, BV Rostock, Abt. VIII, 6.
15 BStU, MfS, BV Rostock, Abt. XIX, 157, Bl. 221.
16 BStU, MfS, HA XIX, 3175.
17 Helmut Kujawa; Peter Zerbe: Eine Fährlinie für den Nachschub der Roten Armee, in: Die Welt vom 28.7.1986, S. 3.
18 Breite Spur der Sowjets führt durch die DDR, in: Hamburger Abendblatt vom 25.11.1982, S. 16.
19 Zit. nach: Gerd Peters: Eisenbahnfährschiffslinie Mukran – Klaipeda, Folge 1: Planung, Bau und Betrieb, in: Hanse-Anzeiger vom 14.2.2007.
20 BArch, DM 1/8804.
21 Ebenda.
22 BStU, MfS, Abt. X, 1166, Bl. 6.
23 BStU, MfS, Abt. X, 1166.
24 Ebenda.
25 BArch, DM 1/10720.
26 Gerd Peters: Eisenbahnfährschiffslinie Mukran – Klaipeda, Folge 3: Moskau hat eine kühne Idee, in: Hanse-Anzeiger vom 7.3.2007.
27 BArch-MA, DVW-1/13297, Bl. 4.
28 BArch, SAPMO, DY 30/J IV 2/2 1950.
29 BArch, SAPMO, DY 30/J IV 2/2A 2480.
30 BArch, SAPMO, DY 30/J IV 2/2A 2481.
31 BStU, MfS, Sekretariat Mittig, 180.
32 BStU, MfS, HA XIX, 4044; BArch, DM 1/10720.
33 BArch, DM 1/10720.
34 BStU, MfS, Abt. X, 1166.
35 ADN, Interne Dienstmeldung, 7.10.1986.
36 BStU, MfS, HA XIX, 4044.
37 BArch, DM 1/10720.
38 BArch-MA, DVW-1/67073, Bl. 65 ff.
39 Ebenda, Bl. 72.
40 Joachim H. Rudek: Der Rügenhafen, Rostock 2000, S. 9.
41 Ebenda, S. 10 f.
42 BArch-MA, RM 7/1232, Bl. 35 f.
43 Ebenda, Bl. 26 f.
44 Dieter Flohr: 17. Juni 1953 vereitelte Rügener Kriegshafen, in: Ostsee-Zeitung vom 11.3.2006.
45 Rudek: Der Rügenhafen, S. 14.
46 Ebenda, S. 19.
47 Ebenda, S. 19 f.
48 Dieter Flohr: 17. Juni 1953 vereitelte Rügener Kriegshafen, in: Ostsee-Zeitung vom 11.3.2006.
49 Rudek: Der Rügenhafen, S. 20.
50 Rudi Dobbert; Helmut Seilert: Über die Ostsee ... 25 Jahre Fährhafen Sassnitz – Mukran, Sassnitz 2011 (Schriften zum 100jährigen Jubiläum der Eisenbahnfährlinie Sassnitz – Trelleborg, hrsg. vom Verein 100 Jahre Königslinie Sassnitz – Trelleborg e. V.), S. 44.
51 Bruno Bock: Mukran – Klaipeda, in: Schiffahrt international 11/1986, S. 432.
52 René Heilig; Jörn Kalkbrenner: Premiere in Mukran, in: Neues Deutschland vom 29.9.1986, S. 3.
53 Gerd Peters: Eisenbahnfährschiffslinie Mukran – Klaipeda, Folge 12: Zur Eröffnung: Drei Pressekonferenzen in drei Tagen, in: Hanse-Anzeiger vom 16.5.2007.
54 BStU, MfS, ZAIG, 18491.
55 BStU, MfS, HA II, 30815.
56 BStU, MfS, BV Rostock, Abt. XIX, 157, Bl. 110 und Angaben von Zeitzeuge Lutz Langenhan.
57 Angaben von Zeitzeuge Jürgen Zier (Neu-Mukran).
58 Bruno Bock: Mukran – Klaipeda, in: Schiffahrt international, 11/1986, S. 421.
59 BArch, DM 1/11905.
60 J. Ellwitz; H. Zwer: Schienen übers Meer, in: Jugend + Technik, 10/1986, S. 726 ff.
61 BArch, DM 1/11905.
62 Rogg: Armee des Volkes?, S. 472.
63 BArch, DM 1/11905.
64 BArch, DM 1/11900.
65 BArch, SAPMO, DY 30/J IV 2/2A 2481.
66 Messegold für Eisenbahngüterfähre und deren Antriebsanlage, in: Seewirtschaft, 5/1987, S. 215.
67 Ebenda.
68 T. W. Krauel: Auf weichem Grund droht dem Fährhafen Mukran ein Debakel, in: Die Welt vom 18.7.1984, S. 4.
69 BArch, DM 1/11900.

70 Ebenda.

71 Ebenda.

72 BStU, MfS, BV Rostock, Abt. II, 35/2, Bl. 14.

73 Rudi Buchweitz; Rudi Dobbert; Wolfhard Noack: Eisenbahndirektionen Stettin, Pasewalk und Greifswald 1851–1990, Berlin 2007, S. 96.

74 BStU, MfS, HA II, 30815.

75 Siegfried Köhler: Die Fährverbindung Mukran – Klaipeda. Ein Sonderbauvorhaben im Griff der Staatssicherheit (1982 bis 1989), Schwerin 2007, S. 78.

76 Ilko-Sascha Kowalczuk; Stefan Wolle: Roter Stern über Deutschland. Sowjetische Truppen in der DDR, Berlin 2001, S. 154.

77 BArch, SAPMO, DY 30/IV 2/2.039 (Büro Egon Krenz).

78 BArch, SAPMO, DY 30/J IV 2/2/1949.

79 BStU, MfS, HA XIX, 5274, Bl. 113 f.

80 BArch, SAPMO, DY 30/IV 2/2.039 (Büro Egon Krenz).

81 BArch, SAPMO, DVW-1/13297, Bl. 6.

82 BArch, SAPMO, DY 30/IV 2/2.039 (Büro Egon Krenz).

83 Ebenda.

84 Ebenda.

85 Ebenda.

86 BStU, MfS, Abt. X, 1167.

87 BArch, SAPMO, DY 30/IV 2/2.039 (Büro Egon Krenz).

88 Köhler: Die Fährverbindung Mukran–Klaipeda, S. 79.

89 BStU, MfS, Abt. X, 1167.

90 Ebenda.

91 BStU, MfS, BV Rostock, Abt. II, 35.

92 BStU, MfS, BV Rostock, Abt. II, 35/1 und 35/2.

93 BStU, MfS, HA XIX, 4140.

94 BStU, MfS, BV Rostock, Abt. II, 35/2.

95 BStU, MfS, HA XVIII, 3440.

96 Maik-Jens Springmann: Fundort Ostsee. Eine maritim-archäologische Zeitreise entlang der deutschen Ostseeküste, Rostock 2000, S. 130.

97 Thomas Förster: Schiffe der Hanse, Rostock 2009, S. 133 ff.

98 Ahasver von Brandt: Die nordischen Länder von 1448 bis 1654, in: Theodor Schieder (Hrsg.): Handbuch der Europäischen Geschichte, Bd. 3, 4. Auflage, Stuttgart 1994, S. 962–1002, hier S. 982 f.

99 Dreikronenkrieg, in: Brockhaus – Die Enzyklopädie, Bd. 5, 20. überarbeitete und aktualisierte Auflage, Leipzig/Mannheim 1996, S. 684.

100 Springmann: Fundort Ostsee, S. 134 f.

101 Ulrich Vetter: Laserscanner entschlüsselt Geheimnis, Informationsdienst Wissenschaft, Universität Rostock vom 8.6.2011.

102 BArch, DVW-1/67041, Bl. 104.

103 Bernd Eisenfeld; Peter Schicketanz: Bausoldaten in der DDR. Die »Zusammenführung feindlich-negativer Kräfte« in der NVA, Berlin 2011, S. 177.

104 Vgl. u.a. Corey D. Ross: »Wird der Frieden nicht an der Werkbank verteidigt?« Die Soldatenwerbung in der DDR in den 50er und frühen 60er Jahren, in: Hans Ehlert; Matthias Rogg: Militär, Staat und Gesellschaft in der DDR, Berlin 2004, S. 439–457.

105 Torsten Diedrich: Gegen Aufrüstung, Volksunterdrückung und politische Gängelei. Widerstandsverhalten und politische Verfolgung in der Aufbau- und Konsolidierungsphase der DDR-Streikräfte 1948 bis 1968, in: Rüdiger Wenyke (Hrsg.): Staatsfeine in Uniform? Widerständiges Verhalten und politische Verfolgung in der NVA, Berlin 2005, S. 31–195, hier S. 131–152.

106 Eisenfeld; Schicketanz: Bausoldaten in der DDR, S. 58 f.

107 Gesetzesblatt der Deutschen Demokratischen Republik vom 16. September 1964, abgedruckt in: Ebenda, S. 66 f.

108 Ebenda, S. 69.

109 Ebenda, S. 419–432.

110 Ebenda, S. 348–351.

111 BStU, MfS, HA I, 12898.

112 BArch, DVW-1/67041, Bl. 104 f.

113 BArch, DVW-1/67041, Bl. 105 f.

114 BArch, DVW-1/55626, Bl. 63 ff.

115 BStU, MfS, HA I, 12898.

116 BArch, DVW-1/67041, Bl. 104 f.

117 BArch, DVW-1/67073. Bl. 73 f.

118 Eisenfeld; Schicketanz: Bausoldaten in der DDR, S. 177.

119 BArch, DVW-1/67041, Bl. 159.

120 Rogg: Armee des Volkes?, S. 473.

121 Dienen bei der NVA. Die Spatensoldaten, Fernsehdokumentation von Kerstin Mauersberger und Nicole Standtke, rbb, 2.3.2003.

122 Stefan Wolter: Kurze Chronologie der Geschichte von Block V; www.proraer-bausoldaten.de/html/chronologie.html; abgerufen am 22.11.2011.

123 Stephan Schack; Andreas Ilse, Hendrik Liersch: Erfahrungen und Erinnerungen – ein Zeitzeugengespräch über die Zeit als Bausoldat in Prora, in: Prora-Zentrum e. V. (Hrsg.): Waffenverweigerer in Uniform, Prora 2011, S. 24–47, hier S. 34 f.

124 Eisenfeld; Schicketanz: Bausoldaten in der DDR, S. 179 f.

125 Marie-Luise Sehn: Bausoldaten im »Koloss von Prora«; http://www.proraer-bausoldaten.de/html/jahresarbeit.html; abgerufen am 22.11.2011.

127 Zit. nach: Eisenfeld; Schicketanz: Bausoldaten in der DDR, S. 301.

128 Uwe Koch; Stefan Eschler (Hrsg.): Zähne hoch, Kopf zusammenbeißen: Dokumente zur Wehrdienstverweigerung in der DDR 1962–1990, Kückenshagen 1994, S. 106.

129 BStU, MfS, HA I, 15542, Bl. 13.

130 Stephan Wolf: »Bausoldat ist eben ein Status« – Bausoldaten und MfS in Prora, in: Prora-Zentrum e. V. (Hrsg.): Waffenverweigerer in Uniform, Prora 2011, S. 74–92, hier S. 84 f.

131 Ebenda.

132 Dienen bei der NVA. Die Spatensoldaten, Fernsehdokumentation von Kerstin Mauersberger und Nicole Standtke, rbb, 2.3.2003.

133 Wolf: »Bausoldat ist eben ein Status«, S. 88.

134 Thomas Widera: Der Kalte Krieg, Deutschlandpolitik und die NVA-

Bausoldaten, in: Prora-Zentrum e. V. (Hrsg): Waffenverweigerer in Uniform, Prora, 2011, S. 8 – 22, hier S. 16.

135 BStU, MfS-JHS-20735, S. 17.

136 Andreas Ilse: Musik aus der Kleiderkammer – das Kulturprogramm, in: Uwe Koch (Red.): Zivilcourage und Kompromiss: Bausoldaten in der DDR 1964 – 1990, 2. korr. Auflage, Berlin 2006, S. 117 f.

137 Gerold Hildebrand: Blockübergreifende Kontakte – europäische Kriegsdienstverweigerer in den 1980er Jahren, in: Prora-Zentrum e. V. (Hrsg.): Waffenverweigerer in Uniform, Prora 2011, S. 60 – 72, hier S. 64.

138 BStU, MfS, BV Rostock, Abt. II, 35/1.

139 Dieter Bub: »Wir sind der letzte Dreck«. Wehrdienstverweigerer berichten über ihren Alltag bei den »Bausoldaten« auf Rügen, in: Stern, 22/1983, S. 202 – 206.

140 Mukraner Halbzeit-Rapport, in: Volksarmee, 29/1984, S. 4.

141 Dienen bei der NVA. Die Spatensoldaten, Fernsehdokumentation von Kerstin Mauersberger und Nicole Standtke, rbb, 2. 3. 2003.

142 Besuch auf der Baustelle des Eisenbahnfährhafens Mukran, in: Neues Deutschland vom 12. 7. 1984, S. 2.

143 Koch; Eschler (Hrsg.): Zähne hoch, Kopf zusammenbeißen, S. 127.

144 »Karten auf den Tisch und anfangen!«. DDR-Verteidigungsminister Heinz Kessler im Zeit-Gespräch mit Theo Sommer und Marlies Menge, in: Die Zeit, 40/1988, S. 7.

145 Eisenfeld; Schicketanz: Bausoldaten in der DDR, S. 180.

146 Eisenbahnfährverbindung Mukran – Klaipeda (DVD), 1986, Bundesarchiv.

147 Rogg: Armee des Volkes?, S. 472.

148 Uwe Koch: Bausoldaten im Wandel ihrer Geschichte, in: Ders. (Red.): Zivilcourage und Kompromiss. Bausoldaten in der DDR 1964 – 1990, 2. korr. Auflage, Berlin 2006, S. 34 – 44, hier S. 39.

149 BArch, DVW-1/43670, Bl. 87 ff.

150 http://www.denk-mal-prora.de/html/die_initiative.html; abgerufen am 20. 11. 2011.

151 http://www.denk-mal-prora.de/index.html; abgerufen am 25. 11. 2011.

152 BStU, MfS, HA XIX, 5274, Bl. 9.

153 BStU, MfS, HA XVIII, 2661, Bl. 31.

154 Ebenda.

155 BArch, SAPMO, DY 30/2919 (Büro Günter Mittag).

156 BStU, MfS, HA XVIII, 3440.

157 Arnulf Hader; Günther Meier: Eisenbahnfähren der Welt: Vom Trajekt zur Dreideckfähre, Herford 1986, S. 46.

158 Bruno Bock: Mukran – Klaipeda, in: Schiffahrt international, 11/1986, S. 420 ff.; Eisenbahn-Fährverkehr Mukran – Klaipeda, in: Hansa, Schiffahrt – Schiffbau – Hafen, 5/1987, S. 227 ff.

159 Eisenbahnfähre für Mukran – Klaipeda, in: Eisenbahntechnische Rundschau, 10/1989, S. 668.

160 Bönisch; Wenzel; Stübner: DSR-Lines, S. 131 f.

161 Herbert Behnke; Fred Cravaack; Lothar Krause: Eisenbahn-Großfähre »Mukran« – größtes Zweideckfährschiff der Welt für die neue Ostsee-

Fährschiffslinie Mukran – Klaipeda, in: Deutsche Seewirtschaft, 2/1987, S. 69 – 80, hier S. 75.

162 Eisenbahn-Fährverkehr Mukran – Klaipeda, in: Hansa, Schiffahrt – Schiffbau – Hafen, 5/1987, S. 227.

163 Bönisch; Wenzel; Stübner: DSR-Lines, S. 133.

164 DDR Schiffbau Eisenbahngüterfähre, Prospekt des VEB Mathias-Thesen-Werft Wismar (undatiert).

165 Eisenbahn-Fährverkehr Mukran – Klaipeda, in: Hansa, Schiffahrt – Schiffbau – Hafen, 5/1987, S. 227 ff.

166 Behnke; Cravaack; Krause: Eisenbahn-Großfähre »Mukran«, S. 70.

167 BArch, SAPMO, DY 30/J IV 2/2 1949.

168 Behnke; Cravaack; Krause: Eisenbahn-Großfähre »Mukran«, S. 71.

169 Größte Eisenbahnfähre der Welt, in: Eisenbahntechnische Rundschau, 10/1978, S. 607.

170 Hader; Meier: Eisenbahnfähren der Welt, S. 55.

171 BStU, MfS, Abt. X, 1166.

172 Hader; Meier: Eisenbahnfähren der Welt, S. 56.

173 Bericht von Zeitzeuge Kapitän Gerhard Thiemann.

174 Größte Eisenbahnfähre der Welt, in: Eisenbahntechnische Rundschau, 10/1978, S. 607.

175 Hader; Meier: Eisenbahnfähren der Welt, S. 54.

176 Sowjets schaffen strategische Seeverbindung zwischen Memel und Mukran, in: Europäische Wehrkunde/WWR, 5/1983, S. 256 f.

177 BStU, MfS, HA XIX, 5274.

178 BStU, MfS, HA XIX, 3175.

179 Angaben von Zeitzeuge Thomas Hahn.

180 Angaben von Zeitzeuge Kapitän Gerhard Thiemann.

181 DDR Schiffbau Eisenbahngüterfähre, Prospekt des VEB Mathias-Thesen-Werft Wismar (undatiert).

182 Behnke; Cravaack; Krause: Eisenbahn-Großfähre »Mukran«, S. 77.

183 BArch, DM 1/11900.

184 Behnke; Cravaack; Krause: Eisenbahn-Großfähre »Mukran«, S. 75.

185 Klaus Kökert (Hrsg.): Eisenbahn-Fährverkehr DDR – UdSSR, Berlin 1988.

186 BStU, MfS, ZOS, 226.

187 http://www.ferry-site.dk/ferry.php?id=8311895&lang=en; abgerufen am 20. 11. 2011.

188 http://www.shipspotting.com/gallery/photo.php?lid=936571; abgerufen am 20. 11. 2011.

189 http://www.ferry-site.dk/ferry.php?id=8311912&lang=en; abgerufen am 20. 11. 2011.

190 Originalurkunde der Vilnius Seaways.

191 Horst Zimmermann: Fährverbindung Saßnitz – Mukran nach Klaipeda; http://www.mdr.de/damals/artikel7662.html; abgerufen am 7. 12. 2011.

192 Ebenda.

193 BArch, DM 1/10494.

194 Horst Zimmermann: Die Eisenbahnfährverbindung Mukran – Klaipeda und ihre Nutzung für Militärtransporte, Militärwesen VVS-Nr.: B 855

509, 1987, S. 23; in: BStU, MfS, ZAIG, 15918. »Militärwesen« war eine Fachzeitschrift der NVA, die nur an Berufsoffiziere und andere autorisierte DDR-Bürger abgegeben wurde. Der Beitrag von Zimmermann erschien in einer der Zusatzausgaben, die als »Vertrauliche Verschlusssache« eingestuft wurden (»Militärwesen VVS«) und damit der Geheimhaltung unterlagen. Die Zeitschrift wurde nur mit der Dienstpost verteilt, war für Kommandeure bestimmt und trug den Vermerk »Nur für den Dienstgebrauch«.

195 BStU, MfS, BV Rostock, Abt. II, 35/1.
196 »Niklas, Hölle und Kalle« in: Der Spiegel, 40/1991, S. 67-73, hier S. 69.
197 BStU, MfS, BV Rostock, Abt. XIX, 157.
198 BArch-MA, DVW-1/13297, Bl. 12.
199 BArch-MA, DVW-1/39589, Bl. 167 f.
200 BStU, MfS, BV Rostock, Abt. II, 74, Bl. 235 f.
201 Angaben von Zeitzeuge Wolfgang Höfer.
202 Zimmermann: Die Eisenbahnfährverbindung Mukran - Klaipeda und ihre Nutzung für Militärtransporte, S.20 ff.
203 BArch-MA, DVW-1/13297.
204 Ebenda, Bl. 2.
205 BStU, MfS, BV Rostock, Abt. II, 35/2, Bl. 13.
206 BArch-MA, DVW-1/13297.
207 Zimmermann: Die Eisenbahnfährverbindung Mukran - Klaipeda und ihre Nutzung für Militärtransporte, S. 24.
208 Bruno Bock: Mukran - Klaipeda, in: Schiffahrt international, 11/1986, S. 422.
209 Rolf Görtz: Die Panzerfähre, in: Die Welt vom 18.4.1985, S. 2.
210 BArch, SAPMO, DY 30/J IV 2/2A 2481.
211 Siehe dazu das Kapitel: Bruderzwist auf der Baustelle: Der Streit um die Kommandantur.
212 BArch, SAPMO, DY 30/J IV 2/2 1949.
213 BStU, MfS, Abt. X, 1301, Bl. 93.
214 BStU, MfS, HA XIX, 4140, Bl. 71.
215 BArch, SAPMO, DY 30/IV 2/2.039 (Büro Egon Krenz).
216 Ebenda und BStU, MfS, Abt. X, 1301, Bl. 94.
217 BStU, MfS, HA II, 30815.
218 Ebenda, Bl. 15.
219 BStU, MfS, BV Rostock, Abt. II, 35, Bl. 114.
220 BStU, MfS, BV Rostock, Abt. XIX, 157.
221 Ebenda.
222 BStU, MfS, BV Rostock, Abt. II, 35.
223 BStU, MfS, HA XIX, 4936.
224 Ebenda.
225 BStU, MfS, BdL 007590, Bl. 1-7.
226 Köhler: Die Fährverbindung Mukran - Klaipeda, S. 27-36.
227 BStU, ZA GVS-JHS 0001- 63/85.
228 BStU, MfS, BV Rostock, Abt. II, 35/1.
229 Wagner; Uhl: BND contra Sowjetarmee, S. 141.
230 Ebenda, S. 187.
231 BStU, MfS, HA II, 32533, Bl. 72.
232 Ebenda, Bl. 74.
233 Ebenda.
234 Wagner; Uhl: BND contra Sowjetarmee, S. 149; BStU, MfS, HA II, 22589, Bl. 6 - 8.
235 Wagner; Uhl: BND contra Sowjetarmee, S. 161.
236 Ebenda, S. 178 f.
237 BStU, MfS, BV Rostock, Abt. XIX, 157, Bl. 109.
238 Wagner; Uhl: BND contra Sowjetarmee, S. 147.
239 BStU, MfS, BV Rostock, Abt. XIX, 157, Bl. 109.
240 BStU, MfS, HA II, 32533, Bl. 75.
241 BStU, MfS, BV Rostock, Abt. II, 35, Bl. 55.
242 BStU, MfS, BV Rostock, Abt. II, 35/1.
243 BStU, MfS, BV Rostock, Abt. II, 35/2.
244 BStU, MfS, BV Rostock, Abt. XIX, 157.
245 Köhler: Die Fährverbindung Mukran - Klaipeda, S. 43.
246 BStU, MfS, HA XIX, 4044.
247 Vgl.: Helmut Müller-Enbergs: Inoffizieller Mitarbeiter zur politisch-operativen Durchdringung und Sicherung des Verantwortungsbereiches (IMS), in: Roger Engelmann; Bernd Florath u.a. (Hrsg.): Das MfS-Lexikon. Begriffe, Personen und Strukturen der Staatssicherheit der DDR, Berlin 2011, S. 161 f.
248 Köhler: Die Fährverbindung Mukran - Klaipeda, S. 154.
249 Ebenda, S. 66.
250 Ebenda, S. 33.
251 BStU, MfS, BV Rostock, Abt. VIII, 6.
252 Ebenda.
253 BStU, MfS, HA VIII, 1846/2, Bl. 1 - 3.
254 BArch-MA, DVW-1/67043, Bl. 324 ff.
255 BStU, MfS, HA XIX, 4044.
256 BStU, MfS, BV Rostock, Abt. VIII, 208, Bl. 34 - 37.
257 BStU, MfS, BV Rostock, Abt. II, 74.
258 Köhler: Die Fährverbindung Mukran - Klaipeda, S. 187.
259 Ebenda, S. 116.
260 Wagner; Uhl: BND contra Sowjetarmee, S. 188.
261 Norbert Juretzko: Bedingt dienstbereit. Im Herzen des BND - die Abrechnung eines Aussteigers, Berlin 2004, S. 24 ff.
262 Ebenda, S. 34.
263 Pressemitteilung: Landesregierung begrüßt Kanzlererklärung zur Memel-Fähre; Presse- und Informationsstelle der Landesregierung Schleswig-Holstein, 19. März 1985.
264 Fähre für Moskau, in: Der Spiegel, 26/1983, S. 16.
265 Franz Wauschkuhn: Das Duell zweier Hafenstädte, in: Hamburger Abendblatt vom 9. 7. 1983, S. 10.
266 Pressemitteilung: Landesregierung begrüßt Kanzlererklärung zur Memel-Fähre; Presse- und Informationsstelle der Landesregierung Schleswig-Holstein, 19. März 1985.
267 Fähre für Moskau, in: Der Spiegel, 26/1983, S. 16.

268 Rolf Görtz: Militärische Nutzung durch Moskau befürchtet, in: Die Welt vom 18.4.1985, S. 4.; Jan Brech: Beim Für und Wider überwiegen Nachteile, in: Die Welt vom 18.4.1985, S. 4.

269 Ebenda.

270 Trojanische Fähre, in: Der Spiegel, 14/1985, S. 29 f.

271 Hans-Ulrich Stoldt: Ein Schiff soll kommen, in: Die Zeit, 10/1985, S. 21.

272 Georg Bauer: Ja zur Fähre nach Memel mit Auflagen verbunden?, in: Die Welt vom 16.4.1985, S. 10.

273 Sitzungsprotokoll des Schleswig-Holsteinischen Landtages (10. Wahlperiode), 43. Sitzung, 30.1.1985.

274 Alexander Szandar: In 16 Tagen nach Fernost, in: Süddeutsche Zeitung vom 1.2.1985, S. 10.

275 Hans-Ulrich Stoldt: Ein Schiff soll kommen, in: Die Zeit, 10/1985, S. 21.

276 Trojanische Fähre, in: Der Spiegel, 14/1985, S. 29 f.

277 Hans-Ulrich Stoldt: Ein Schiff soll kommen, in: Die Zeit, 10/1985, S. 21.

278 Alexander Szandar: Schiffe unter fremder Flagge, in: Süddeutsche Zeitung vom 4.11.1983, S. 9.

279 Ders.: In 16 Tagen nach Fernost, in: Süddeutsche Zeitung vom 1.2.1985, S. 10.

280 BStU, MfS, HA XIX, 5274, Bl. 104–107.

281 Ebenda.

282 Ebenda.

283 Ebenda.

284 Georg Bauer: Ja zur Fähre nach Memel mit Auflagen verbunden?, in: Die Welt vom 16.4.1985, S. 10.

285 Eisenbahnfähre kein Thema mehr, in: Deutsche Verkehrszeitung vom 27. Juni 1986, S. 1 f.

286 Bruno Bock: Mukran – Klaipeda, in: Schiffahrt international, 11/1986, S. 420.

287 BStU, MfS, HA XIX, 2139, Bl. 102.

288 BArch, SAPMO, DY 30/2919 (Büro Günter Mittag).

289 BStU, MfS, HA XIX, 4044.

290 BStU, MfS, HA XIX, 2139, Bl. 198.

291 Eghard Mörbitz: Totgesagtes Projekt belebt, in: Frankfurter Rundschau vom 22.3.1989, S. 4.

292 BStU, MfS, HA XIX, 2139, Bl. 199.

293 Ebenda, Bl. 194.

294 Ebenda, Bl. 283.

295 Diethart Goos: Sowjets favorisieren nun Fährhafen in Ostpreußen, in: Die Welt vom 27.7.1989, S. 1.

296 Eghard Mörbitz: Totgesagtes Projekt belebt, in: Frankfurter Rundschau vom 22.3.1989, S. 4.

297 Nikita Sholkwer: Eine Fähre zur Hanse, in: Neue Zeit (Moskau), 32/1988.

298 Maik Trettin: Breitspurpläne beunruhigen Sassnitzer, in: Ostsee-Zeitung (Rügen-Ausgabe) vom 31.1.2003, S. 17.

299 BStU, MfS, BV Rostock, Abt. XIX, 157, Bl. 117.

300 Ebenda.

301 BStU, MfS, AOibE 7428/87.

302 BStU, MfS, HA XIX, 4044.

303 BStU, MfS, HA XIX, 5624.

304 BStU, MfS, Abt. X, 1167.

305 Ebenda.

306 Ebenda.

307 BArch, SAPMO, DY 30/2919 (Büro Günter Mittag).

308 Ebenda.

309 Nikita Sholkwer: Die Fähre, in: Neue Zeit (Moskau), 16/1987.

310 Domas Šniukas: Ein alarmierendes Signal – Leerfahrten, in: Prawda vom 8.9.1987; zit. nach einer internen Dienstmeldung des ADN vom 8.9.1987.

311 Ders.: Brücke der Freundschaft – zweiter Abschnitt der Eisenbahnfähre UdSSR–DDR, in: Prawda vom 31.12.1987; zit. nach einer internen Dienstmeldung des ADN vom 31.12.1987.

312 A. Baritko; A. Strelzow: Alarmierende Signale – die Kosten des Fährbooms, in: Oekonomitscheskaja Gaseta, 45/1988; zit. nach: BStU, MfS, HA XIX, 5275, Bl. 132 ff.

313 S. Makajew: Sturm auf der Fährenroute, in: Iswestija; zit. nach: Neues Deutschland vom 11./12.3.1989, S. 5.

314 BArch, SAPMO, DY 30/2919 (Büro Günter Mittag).

315 BArch, SAPMO, DY 30/2919 (Büro Günter Mittag); BStU, MfS, HA XIX, 2139, Bl. 302.

316 BArch, SAPMO, DY 30/2919 (Büro Günter Mittag).

317 BStU, MfS, BV Rostock, Abt. XIX, 157, Bl. 220.

318 BArch, SAPMO, DY 30/2919 (Büro Günter Mittag).

319 BStU, MfS, BV Rostock, AKG, 163.

320 BStU, MfS, HA XIX, 2139, Bl. 302.

321 BStU, MfS, BV Rostock, Abt. XIX, 157.

322 Ebenda, Bl. 221.

323 Ebenda.

324 BStU, MfS, HA XIX, 4044, Bl. 99.

325 BStU, MfS, BV Rostock, AKG, 163.

326 BStU, MfS, HA XIX, 5275, Bl. 270 ff.

327 Ebenda, Bl. 270.

328 Ebenda, Bl. 271.

329 BStU, MfS, BV Rostock, AKG, 163.

330 BStU, MfS, HA XIX, 5275, Bl. 273.

331 Günther Meier: Neue Bahnfähre über die Ostsee, in: Eisenbahntechnische Rundschau, 11/1986, S. 773.

332 Frank Herold: Fähre Mukran zum ersten Mal an den Kais von Klaipeda, in: Neues Deutschland vom 22.7.1986, S. 6.

333 BArch, DM 1/19478.

334 Ebenda.

335 http://www.portofklaipeda.lt/en.php/urgencies/klaipeda_port_records/10221; abgerufen am 3.1.2012.

336 Claus Jürgen Duisberg: Der Abzug der russischen Truppen aus Deutschland. Eine politische und militärische Erfolgsbilanz, in: Europa-Archiv – Zeitschrift für internationale Politik, 1/1994, S. 461–469, hier S. 461.

337 Kowalczuk; Wolle: Roter Stern über Deutschland, S. 221.

338 Matwej Burlakow: Wir verabschieden uns als Freunde, Fribourg 1994, S. 35.

339 Ebenda, S. 45.

340 Siegfried Fischer (Hrsg.): Der Zerfall einer Militärmacht. Das Ende der Sowjetarmee, Bremen 1992, S. 55 ff.; Dobbert; Seilert: Über die Ostsee ... 25 Jahre Fährhafen Sassnitz-Mukran, S. 55.

341 Dokumentation des Zeitzeugenforums »Deutsche Einheit und Europäische Sicherheit – das Ende der NVA und die ›Armee der Einheit‹«. Militärhistoriker und Zeitzeugen im Gespräch, in: Hans Ehlert (Hrsg.): Armee ohne Zukunft. Das Ende der NVA und die deutsche Einheit. Zeitzeugenberichte und Dokumente, 2. Auflage, Berlin 2002, S. 233.

342 Hartmut Foertsch: Eine erste Bilanz: Abzug der Westgruppe der Truppen aus Deutschland, in: Europäische Sicherheit, 4/1992, S. 229 - 231, hier S. 229.

343 Silke Satjukow: Besatzer. »Die Russen« in Deutschland 1945 - 1994, Göttingen 2008, S. 22 f.

344 BArch-MA, DVW-1/44505.

345 Burlakow: Wir verabschieden uns als Freunde, S. 43.

346 Thilo Gehrke: Das Erbe der Sowjetarmee in Deutschland, Berlin 2000, S. 33. Claus Jürgen Duisberg: Der Abzug der russischen Truppen aus Deutschland. Eine politische und militärische Erfolgsbilanz, in: Europa-Archiv - Zeitschrift für internationale Politik, 1/1994, S. 461- 469, hier S. 466.

347 Burlakow: Wir verabschieden uns als Freunde, S. 47.

348 Ebenda, S. 46.

349 Siegfried Fischer (Hrsg.): Der Zerfall einer Militärmacht, S. 55 ff.

350 Matwej Burlakow: Sowjetische Truppen in Deutschland 1945 - 1994, Moskau 1994, S. 286.

351 Burlakow: Wir verabschieden uns als Freunde, S. 126.

352 Ebenda, S. 27 f.

353 Ebenda, S. 122.

354 Gehrke: Das Erbe der Sowjetarmee in Deutschland, S. 29.

355 Angaben von Zeitzeuge Rudi Dobbert.

356 Ganz Deutschland hilft, in: Hamburger Abendblatt vom 8.12.1990, S. 1.

357 dpa-Meldung vom 31.7.1994.

358 Claus Jürgen Duisberg: Der Abzug der russischen Truppen aus Deutschland. Eine politische und militärische Erfolgsbilanz, in: Europa-Archiv - Zeitschrift für internationale Politik, 1/1994, S. 461- 469, hier S. 466.

359 Torsten Diedrich: Zur Rolle der Nationalen Volksarmee der DDR in der operativen Planung des Warschauer Paktes unter besonderer Berücksichtigung der 1960er Jahre, in: Rüdiger Wenzke (Hrsg.): Die Streitkräfte der DDR und Polens in der Operationsplanung des Warschauer Paktes, Potsdam 2010, S. 13 - 33, hier S. 13.

360 Siegfried Lautsch: Zur Operativen Einsatzplanung der 5. Armee im Rahmen einer Front der Vereinigten Streitkräfte der Warschauer Vertragsorganisation in den 1980er Jahren, in: Rüdiger Wenzke (Hrsg.): Die Streitkräfte der DDR und Polens in der Operationsplanung des Warschauer Paktes, Potsdam 2010, S. 35 - 59, hier S. 53.

361 BArch-MA, DVH-7/45664.

362 Ebenda.

363 BArch-MA, DVH 8-12 47503.

364 BArch-MA, DVH 8-12 47534.

365 Ebenda, Bl. 35.

366 BArch-MA, DVH 8-12 47579.

367 BArch-MA, DVW-1/39592, Bl. 246.

368 BArch-MA, DVH 8-12 47534.

369 BArch-MA, DVW-1/67043, Bl. 24 ff.

370 BArch-MA, DVW-1/39589, Bl. 167 f.

371 350 Millionen für Mukran, in: Hamburger Abendblatt vom 16.11.1991, S. 42.

372 Olaf Jahn: Rügen - die gespaltene Insel, in: Hamburger Abendblatt vom 26.2.1992, S. 3.; Keine neue Werft auf Rügen, in: Hamburger Abendblatt vom 6.6.1992, S. 41.

373 Hafen Mukran geht an Sassnitz, in: Hamburger Abendblatt vom 1.8.1992, S. 35.

374 Fünf Jahre Eisenbahnfähre Mukran - Klaipeda, in: Eisenbahntechnische Rundschau, 12/1991, S. 828.

375 Günther Meier: Fährprogramm Mukran - Klaipeda abgeschlossen, in: Eisenbahntechnische Rundschau, 6/1990, S. 374.

376 Michael Posch: Chronik: Von den ersten Studien bis zum feierlichen Baustart 2010, http://www.welt.de/print/wams/vermischtes/article13704430/Chronik.html; abgerufen am 8.11.2011.

377 Ralph Sommer: Zug bringt letzte Rohre für Ostseepipeline nach Rügen, http://www.mz-web.de/servlet/ContentServer?pagename=ksta/page&atype=ksArtikel&aid=1286091891884; abgerufen am 7.12.2011.

378 Rohrwerk Sassnitz entlässt Mitarbeiter, http://www.ndr.de/regional/mecklenburg-vorpommern/eupec103.html; abgerufen am 7.12.2011.

379 Häfen investieren Millionensummen in Ausbau ihrer Flächen, Meldung des dapd, http://www.ad-hoc-news.de/haefen-investieren-millionen-summen-in-ausbau-ihrer-flaechen-/de/News/21850910; abgerufen am 17.11.2011.

380 Fährhafen Sassnitz erweitert seine Aktivitäten mit Hafenbahn, http://www.log-in-mv.net/uploads/media/Faehrhafen_Sassnitz_erweitert_seine_Aktivitaeten_mit_Hafenbahn.pdf; abgerufen am 7.12.2011.

381 Häfen investieren Millionensummen in Ausbau ihrer Flächen, Meldung des dapd, http://www.ad-hoc-news.de/haefen-investieren-millio-nensummen-in-ausbau-ihrer-flaechen-/de/News/21850910; abgerufen am 17.11.2011.

382 Jörg Köpke: Norweger planen Ostsee-Tunnel von Stralsund nach Schweden, in: Ostsee-Zeitung vom 8.10.2011.

ZITIERTE LITERATUR

Bönisch, Otto; Wenzel, Harry; Stübner, Joachim: DSR-Lines. Die Deutsche Seereederei Rostock, Hamburg 1996.

Brockhaus – Die Enzyklopädie, 20. überarbeitete und aktualisierte Auflage, Leipzig/Mannheim 1996.

Buchweitz, Rudi; Dobbert, Rudi; Noack, Wolfhard: Eisenbahndirektionen Stettin, Pasewalk und Greifswald 1851–1990, Berlin 2007.

Burlakow, Matwej: Sowjetische Truppen in Deutschland 1945–1994, Moskau 1994.

Burlakow, Matwej: Wir verabschieden uns als Freunde, Fribourg 1994.

Diedrich, Torsten: Gegen Aufrüstung, Volksunterdrückung und politische Gängeleien. Widerstandsverhalten und Politische Verfolgung in der Aufbau- und Konsolidierungsphase der DDR-Streitkräfte 1948 bis 1968, in: Rüdiger Wenzke (Hrsg.): Staatsfeine in Unform? Widerständiges Verhalten und politische Verfolgung in der NVA, Berlin 2005, S. 31–195, hier S. 131–152.

Dobbert, Rudi; Seilert, Helmut: Über die Ostsee ... 25 Jahre Fährhafen Sassnitz-Mukran, Sassnitz 2011 (Schriften zum 100-jährigen Jubiläum der Eisenbahnfährlinie Sassnitz–Trelleborg, hrsg. vom Verein 100 Jahre Königslinie Sassnitz–Trelleborg e. V.).

Ehlert, Hans (Hrsg.): Armee ohne Zukunft. Das Ende der NVA und die deutsche Einheit. Zeitzeugenberichte und Dokumente, 2. Auflage, Berlin 2002.

Eisenfeld, Bernd; Schicketanz, Peter: Bausoldaten in der DDR. Die »Zusammenführung feindlich-negativer Kräfte« in der NVA, Berlin 2011.

Fischer, Siegfried (Hrsg.): Der Zerfall einer Militärmacht. Das Ende der Sowjetarmee, Bremen 1992.

Förster, Thomas: Schiffe der Hanse, Rostock 2009.

Gehrke, Thilo: Das Erbe der Sowjetarmee in Deutschland, Berlin 2000.

Hader, Arnulf; Meier, Günther: Eisenbahnfähren der Welt: Vom Trajekt zur Dreideckfähre, Herford 1986.

Hildebrand, Gerold: Blockübergreifende Kontakte – europäische Kriegsdienstverweigerer in den 1980er Jahren, in: Prora-Zentrum e. V. (Hrsg.): Waffenverweigerer in Uniform, Prora 2011, S. 60–72.

Ilse, Andreas: Musik aus der Kleiderkammer – das Kulturprogramm, in: Koch, Uwe (Red.): Zivilcourage und Kompromiss: Bausoldaten in der DDR 1964–1990, Berlin 2006.

Juretzko, Norbert: Bedingt dienstbereit. Im Herzen des BND – Die Abrechnung eines Aussteigers. Berlin 2004.

Koch, Uwe; Eschler, Stephan (Hrsg.): Zähne hoch, Kopf zusammenbeißen: Dokumente zur Wehrdienstverweigerung in der DDR 1962–1990, Kückenshagen 1994.

Köhler, Siegfried: Die Fährverbindung Mukran–Klaipeda. Ein Sonderbauvorhaben im Griff der Staatssicherheit (1982 bis 1989), Schwerin 2007.

Kökert, Klaus (Hrsg.): Eisenbahn-Fährverkehr DDR – UdSSR, Berlin 1988.

Kowalczuk, Ilko-Sascha; Wolle, Stefan: Roter Stern über Deutschland. Sowjetische Truppen in der DDR, Berlin 2001.

Lautsch, Siegfried: Zur Operativen Einsatzplanung der 5. Armee im Rahmen einer Front der Vereinigten Streitkräfte der Warschauer Vertragsorganisation in den 1980er Jahren, in: Wenzke, Rüdiger (Hrsg.): Die Streitkräfte der DDR und Polens in der Operationsplanung des Warschauer Paktes, Potsdam 2010, S. 35 – 59.

Müller-Enbergs, Helmut: Inoffizieller Mitarbeiter zur politisch-operativen Durchdringung und Sicherung des Verantwortungsbereiches (IMS), in: Engelmann, Roger; Florath, Bernd u.a. (Hrsg.): Das MfS-Lexikon. Begriffe, Personen und Strukturen der Staatssicherheit der DDR, Berlin 2011.

Presse- und Informationsstelle der Landesregierung Schleswig-Holstein: Landesregierung begrüßt Kanzlererklärung zur Memel-Fähre, Pressemitteilung vom 19. März 1985.

Rogg, Matthias: Armee des Volkes? Militär und Gesellschaft in der DDR, Berlin 2008.

Ross, Corey D.: »Wird der Frieden nicht an der Werkbank verteidigt?« Die Soldatenwerbung in der DDR in den 50er und frühen 60er Jahren, in: Hans Ehlert; Matthias Rogg: Militär, Staat und Gesellschaft in der DDR, Berlin 2004, S. 439 – 457.

Rudek, Joachim H.: Der Rügenhafen, Rostock 2000.

Satjukow, Silke: Besatzer. »Die Russen« in Deutschland 1945 – 1994, Göttingen 2008.

Schack, Stephan; Ilse, Andreas; Liersch, Hendrik: Erfahrungen und Erinnerungen – ein Zeitzeugengespräch über die Zeit als Bausoldat in Prora, in: Prora-Zentrum e.V. (Hrsg.): Waffenverweigerer in Uniform, Prora 2011, S. 24 – 47.

Springmann, Maik-Jens: Fundort Ostsee. Eine maritim-archäologische Zeitreise entlang der deutschen Ostseeküste, Rostock 2000.

Von Brandt, Ahasver: Die nordischen Länder von 1448 bis 1654, in: Schieder, Theodor (Hrsg.): Handbuch der Europäischen Geschichte, Bd. 3, 4. Auflage, Stuttgart 1994, S. 962 – 1002.

Wagner, Armin, Uhl, Matthias: BND contra Sowjetarmee. Westdeutsche Militärspionage in der DDR, Berlin 2007.

Widera, Thomas: Der Kalte Krieg, Deutschlandpolitik und die NVA-Bausoldaten, in: Prora-Zentrum e.V. (Hrsg): Waffenverweigerer in Uniform, Prora 2011, S. 8 – 22.

Wolf, Stephan: »Bausoldat ist eben ein Status« – Bausoldaten und MfS in Prora, in: Prora-Zentrum e.V. (Hrsg.): Waffenverweigerer in Uniform, Prora 2011, S. 74 – 92.

WEITERFÜHRENDE LITERATUR

Bröckermann, Heiner: Landesverteidigung und Militarisierung. Militär- und Sicherheitspolitik der DDR in der Ära Honecker 1971–1989, Berlin 2011.

Flohr, Dieter; Seemann, Peter: Die Volksmarine. Menschen, Meer, Matrosen, Friedland 2009.

Flohr, Dieter: Im Dienst der Volksmarine. Zeitzeugen berichten, Friedland 2010.

Gaudlitz, Frank; Kumlehn, Thomas: Die Russen gehen. Der Abzug einer Armee, Berlin 1993.

Hoffmann, Theodor: Das letzte Kommando. Ein Minister erinnert sich, Berlin/Bonn/Herford 1993.

Kaule, Martin: Ostseeküste 1933–1945. Mit Polen und Baltikum. Der historische Reiseführer, 3., aktualisierte und erweiterte Auflage, Berlin 2011.

Köhler, Siegfried: Die Staatssicherheit und der Fährverkehr über die Ostsee, Schwerin 2005.

Krentzien, Wulf: Die Sassnitzer Häfen und ihr Fährverkehr, Erfurt 2006.

Langenhan, Lutz u. a.: Chronik zur Errichtung der Eisenbahnfährverbindung Mukran/DDR – Klaipeda/UdSSR: 1981 bis 1986, Güstrow 1986.

Ministerium für Verkehrswesen der DDR (Hrsg.): Eisenbahn-Fährverkehr DDR – UdSSR, Berlin 1986.

Minow, Fritz: Die NVA und Volksmarine in den vereinten Streitkräften. Geheimnisse der Warschauer Vertragsorganisation, Friedland 2011.

Rostock, Jürgen; Zadniček, Franz: Paradiesruinen. Das KdF-Seebad der Zwanzigtausend auf Rügen, 8., aktualisierte Auflage, Berlin 2008.

Schmidt, Marten: Rügens geheime Landzunge. Die Verschlußsache Bug, 3., aktualisierte Auflage, Berlin 2008.

Wegmann, Bodo: Die Militäraufklärung der NVA. Die zentrale Organisation der militärischen Aufklärung der Streitkräfte der Deutschen Demokratischen Republik, Berlin 2005.

Widera, Thomas: Pazifisten in Uniform. Die Bausoldaten im Spannungsfeld der SED-Politik 1964–1989, Göttingen 2004.

Wolter, Stefan: Hinterm Horizont allein - der »Prinz« von Prora. Erfahrungen eines NVA-Bausoldaten, Halle 2005.

ARCHIVALIEN

Archiv des Bundesbeauftragten für die Unterlagen des Staatssicherheitsdienstes der ehemaligen Deutschen Demokratischen Republik (BStU).
Bundesarchiv Berlin (BArch).
Bundesarchiv-Militärarchiv, Freiburg i. Br. (BArch-MA).
Stiftung Archiv der Parteien und Massenorganisationen der DDR im Bundesarchiv, Berlin (BArch, SAPMO).

FACHZEITSCHRIFTEN

Eisenbahntechnische Rundschau
Europa-Archiv – Zeitschrift für internationale Politik
Europäische Sicherheit
Europäische Wehrkunde
Hansa, Schiffahrt - Schiffbau - Hafen
Jugend + Technik
Schiffahrt international
Seewirtschaft
Volksarmee

TAGES- UND WOCHENZEITUNGEN

Die Welt
Die Zeit
Frankfurter Rundschau
Hamburger Abendblatt
Hanse-Anzeiger
Neue Zeit (Moskau)
Neues Deutschland
Ostsee-Zeitung
Stern
Süddeutsche Zeitung

INTERNETSEITEN UND -PORTALE

Internetseite der Initiative Denk-MAL Prora
www.denk-mal-prora.de

Internetseite ehemaliger Proraer Bausoldaten
www.proraer-bausoldaten.de

Universität Rostock im Informationsdienst
Wissenschaft (idw)
http://www.uni-rostock.de/aktuelles/informationsdienst-
wissenschaft-idw/

www.shipspotting.com
www.ferry-site.dk

außerdem:
Fährhafen Sassnitz erweitert seine Aktivitäten mit
Hafenbahn.
http://www.log-in-mv.net/uploads/media/Faehrhafen_
Sassnitz_erweitert_seine_Aktivitaeten_mit_Hafenbahn.
pdf abgerufen am 7.12.2011.

Häfen investieren Millionensummen in Ausbau ihrer
Flächen, Meldung des dapd.
http://www.ad-hoc-news.de/haefen-investieren-millionen-
summen-in-ausbau-ihrer-flaechen–/de/News/21850910
abgerufen am 17.11.2011

Posch, Michael: Chronik: Von den ersten Studien bis
zum feierlichen Baustart 2010. http://www.welt.de/print/
wams/vermischtes/article13704430/Chronik.html
abgerufen am 8.11.2011.

Rohrwerk Sassnitz entlässt Mitarbeiter.
http://www.ndr.de/regional/mecklenburg-vorpommern/
eupec103.html
abgerufen am 7.12.2011.

Sommer, Ralph: Zug bringt letzte Rohre für Ostseepipeline
nach Rügen.
http://www.mz-web.de/servlet/
ContentServer?pagename=ksta/page&atype=ksArtikel&
aid=1286091891884 abgerufen am 7.12.2011.

Zimmermann, Horst: Fährverbindung Saßnitz – Mukran
nach Klaipeda.
http://www.mdr.de/damals/artikel7662.html
abgerufen am 7.12.2011.

TV-BEITRÄGE UND DVD

Dienen bei der NVA. Die Spatensoldaten, Fernsehdokumentation von Kerstin Mauersberger und Nicole Standtke, rbb,
2.3.2003.

Eisenbahnfährverbindung Mukran – Klaipeda (DVD), 1986,
Bundesarchiv.

ABKÜRZUNGSVERZEICHNIS

Abt. X	Abteilung für internationale Verbindungen im MfS	HA II	Hauptabteilung Spionageabwehr
ADN	Allgemeiner Deutscher Nachrichtendienst (der DDR)	HA VIII	Hauptabteilung Beobachtung, Ermittlung
AfNS	Amt für Nationale Sicherheit	HA XIX	Hauptabteilung Verkehr, Post, Nachrichtenwesen
AKG	Auswertungs- und Kontrollgruppe des MfS		
		IAG	Investitionsauftraggeber
		IM	Inoffizieller Mitarbeiter des MfS
BArch	Bundesarchiv	IME	Inoffizieller Mitarbeiter im besonderen Einsatz
BArch-MA	Bundesarchiv-Militärarchiv		
BND	Bundesnachrichtendienst	IMS	Inoffizieller Mitarbeiter zur Sicherung eines Verantwortungsbereiches
BRT	Bruttoregistertonnen		
BStU	Die / Der Bundesbeauftragte für die Unterlagen des Staatssicherheits- dienstes der ehemaligen DDR	ITA	Ingenieur-Technischer Außenhandel
BV	Bezirksverwaltung des MfS	JHS	Juristische Hochschule des MfS
CIA	Central Intelligence Agency (US-Geheimdienst)	KGB	Komitee für Staatssicherheit beim Ministerrat der UdSSR
		KoKo	Bereich Kommerzielle Koordinierung im Ministerium für Außenhandel der DDR
dapd	Deutscher Auslands-Depeschen- dienst (Nachrichtenagentur)		
dpa	Deutsche Presse-Agentur		
DSR	VEB Deutfracht/ Seereederei Rostock	LPG	Landwirtschaftliche Produktions- genossenschaft
FDJ	Freie Deutsche Jugend	MfS	Ministerium für Staatssicherheit
		MTW	VEB Mathias-Thesen-Werft, Wismar
GSSD	Gruppe der Sowjetischen Streitkräfte in Deutschland	MVM	Militärverbindungsmission
GÜSt	Grenzübergangsstelle	NSW	Nichtsozialistisches Wirtschaftsgebiet
GVS	Geheime Verschlusssache	NVA	Nationale Volksarmee
HA	Hauptabteilung des MfS	OPK	Operative Personenkontrolle des MfS

OT	Operative Technik	UdSSR	Union der Sozialistischen
OV	Operativer Vorgang		Sowjetrepubliken
RGW	Rat für Gegenseitige Wirtschaftshilfe	VEB	Volkseigener Betrieb
Ro-Ro-Schiff	Roll-on-roll-off-Schiff	VVS	Vertrauliche Verschlusssache
SAPMO	Stiftung Archiv der Parteien und	WGSS	Westgruppe der Sowjetischen
	Massenorganisationen der DDR		Streitkräfte
SED	Sozialistische Einheitspartei		
	Deutschlands	ZAIG	Zentrale Auswertungs- und
SZD	Sowjetische Staatsbahn		Informationsgruppe des MfS
		ZK	Zentralkomitee der SED
tdw	tons deadweight, 1 tdw = 1016 kg	ZUSR	Zeitweilige Umschlagräume

ABBILDUNGSNACHWEIS

Bernardas Aleknavicius: S. 135, 137, 138, 140

Archiv des Autors: S. 13, 15, 22, 37 u., 39, 63, 74, 76/77, 139

Archiv des Bundesbeauftragten für die Stasi-Unterlagen: S. 60/61, 78, 93, 94, 95, 96, 99, 100/101, 102, 103, 106, 107, 119

Archiv Kunz: S. 54 o.

Archiv des Verlages: S. 56, 57, 59, 64, 156, 157

Bundesarchiv: S. 123 (183-1990-0917-001/ Thomas Lehmann), 149 (183-1990-0907-017/ Jürgen Sindermann)

dpa/Picture-Alliance: S. 7 (Viktor Chabarow), 126 (Zentralbild), 150 o. (Wolfgang Thieme), 151 (Jens Kalaene)

Fährhafen Sassnitz GmbH: S. 11, 168/169

GeoContent GmbH, Magdeburg: S. 25

Andreas Hampel: S. 53

Martin Kaule: S. 27, 28, 29, 142, 143

Wolfgang Klietz: S. 9, 41, 45, 67, 80, 83, 84, 90, 111, 120, 124 u., 125 o., 127 o., 141, 150 u., 159, 160, 161, 162, 163, 164, 167

Uwe Lippek: S. 49, 50

Robert-Havemann-Gesellschaft: S. 145 (Andreas Bastian), 147 (Marco Limberg), 148 (Marco Limberg)

Sammlung Dobbert/Unger, Fährhafen Sassnitz: S. 19, 21, 31, 33, 34, 35, 36, 37 o., 38, 73, 75 l., 125 u., 127 u., 128, 129, 166

Sammlung Wolfgang Höfer: S. 87, 88

Sammlung Kagelmacher: S. 75 r.

Michael Rauhe: S. 191

Christian Thiel: S. 133

Ullstein-Bilderdienst: S. 70 (Mehner), 115, 155

Christopher Volle: S. 2, 17

Franz Zadniček: S. 54 u., 65, 153

DANKSAGUNG

Ich danke den vielen Menschen und Institutionen, die mich bei der Arbeit für dieses Buch unterstützt haben, besonders meiner Frau Ruth, meinen Kindern Joana und Luisa und meinen Schwiegereltern Gertrud und Prof. Dr. Rudolf Lingelbach, die mir das »Arbeitshaus« am Moor zur Verfügung gestellt haben.

Zu danken habe ich:
Algirdas Didziulis (Klaipeda), Rudi Dobbert (Sassnitz), Wolfgang Höfer (Demen), Lutz Langenhan (Magdeburg), Stephan Schack (Naumburg, Saale), Gerhard Thiemann (Rostock), Berndt Zeitlow (Sassnitz).

Außerdem:
Bernardas Aleknavicius (Klaipeda), Lars Brüggemann (www.trainslide.com), Ralf Buchfink und Aivars Oos (DFDS-Lisco), Eckhard Buchholz, Fred Cravaack (Wismar), Arndt Draheim (Ostsee-Anzeiger, Rostock), Dr. Thomas Förster (Deutsches Meeresmuseum Stralsund), Karoline Gordalla (Medienbüro am Reichstag), Harald Haase (Ministerium für Wissenschaft, Wirtschaft und Verkehr des Landes Schleswig-Holstein), Thomas Hahn, Sieglinde Hartmann (Bundesarchiv Berlin), Klaas Hartmann-Moritzen (Journalist), Frank Ilse (Hamburger Abendblatt), Vytautas Kaunas (Klasco, Hafenbehörde Klaipeda), Heike Kiesel (Fotografin), Günter Krause (DGEG), Arnold Kühn (Rail Event), Niels Alexander Lange (TU Hamburg-Harburg), Siegfried Lautsch (Dipl. Militärwissenschaftler), Peter Lehnert (ehem. Bausoldat), Uwe Lippek (Taucher), Egbert Meyer-Lovis (Deutsche Bahn), Jörg Minga (AKN), Michael Rauhe (Fotograf), Christian Rohlfs (BStU-Außenstelle Rostock), Stefan Tobias Schnaak, Jan Schröter (Autor), Artur Seefeldt (Generalleutnant a. D.), Helmut Seilert (Fährhafen Sassnitz), Maik-Jens Springmann (Unterwasserarchäologe), Volker ter Haseborg (Hamburger Abendblatt), Bernadette Trepte und Christiane Kruse (Medienbüro am Reichstag), Peter Wilfert (Kapitänleutnant a. D.), Familie Zier und die Mitarbeiter vom Gasthaus Hülsenkrug, Neu-Mukran.

Geholfen haben mir darüber hinaus:
Die Mitarbeiter des Militärarchivs im Bundesarchiv in Freiburg, die Mitarbeiter der Staats- und Universitätsbibliothek Hamburg, die Mitarbeiter der Fakultätsbibliotheken Wirtschafts- und Sozialwissenschaften der Helmut-Schmidt-Universität der Bundeswehr in Hamburg, die Mitarbeiter der Behördenbibliothek, Hamburg Port Authority, die Mitarbeiter der Zentralbibliothek Recht der Universität Hamburg, die Mitarbeiter der Zentralbibliothek Philosophie, Geschichte und Klassische Philologie der Universität Hamburg, die Mitarbeiter der Bibliothek der Forschungsstelle für Zeitgeschichte Hamburg, die Mitarbeiter der Bibliothek und Dokumentation am Institut für Friedensforschung und Sicherheitspolitik an der Universität Hamburg, die Mitglieder des Prora-Zentrum e.V., die Mitglieder der Foren von: www.geschichtsspuren.de, www.forum-schiff.de, www.nva-forum.de.

Danke! Wolfgang Klietz

ORTSREGISTER

Mukran und Klaipeda wurden wegen ihrer häufigen Nennung nicht ins Register aufgenommen.

Kursive Seitenzahlen verweisen auf Bildunterschriften.

PERSONENREGISTER

Kursive Seitenzahlen verweisen
auf Bildunterschriften.

Zum Autor

Wolfgang Klietz

Jahrgang 1963; Studium der Politischen Wissenschaften, Geschichte und Literaturwissenschaft an der Christian-Albrechts-Universität zu Kiel; danach als freier Journalist beim NDR, beim *Holsteinischen Courier*, seit 1989 Redakteur beim *Hamburger Abendblatt*; seit 1991 zahlreiche Reisen über den Fährhafen Mukran nach Litauen; lebt mit seiner Familie in Hamburg.

Spannende historische Orte an der Ostseeküste

Marten Schmidt
Rügens geheime Landzunge
Die Verschlußsache Bug

3. Auflage
184 Seiten · 177 Abbildungen · Festeinband
ISBN 978-3-86153-482-2
29,90 € (D) · 30,80 € (A)

Jürgen Rostock · Franz Zadniček
Paradiesruinen
Das KdF-Seebad der Zwanzigtausend auf Rügen

9. Auflage
152 Seiten · 143 Abbildungen · Festeinband
ISBN 978-3-86153-414-3
19,90 € (D) · 20,50 € (A)

Volkhard Bode · Gerhard Kaiser
Raketenspuren
Waffenschmiede und Militärstandort Peenemünde

7. Auflage
212 Seiten · 266 Abbildungen · Broschur
ISBN 978-3-86153-345-0
19,90 € (D) · 20,50 € (A)

Edelgard und Klaus Feiler
Die verbotene Halbinsel Wustrow
Flakschule – Militärbasis – Spionagevorposten

5. Auflage
144 Seiten · 210 Abbildungen · Broschur
ISBN 978-3-86153-323-8
19,90 € (D) · 20,50 € (A)

www.christoph-links-verlag.de